桐庐县博物馆馆藏

文物精粹

The Essence of

Cultural Relics

in the Collection

of Tonglu Museum

桐庐县博物馆　编

陈淑珍　主编

西泠印社 出版社

《桐庐县博物馆馆藏文物精粹》参编人员

主　编：陈淑珍

副主编：舒玉春　蓝　清

撰　文：陈淑珍　朱一妮　刘　斌　华　超　周丽娟

摄　影：陈淑珍　李永加　胡　军　皇甫迪华

前言

　　桐庐县位于浙江西北部，地处钱塘江中游。山水如画、人杰地灵的桐庐是钱塘江流域人类文明的重要发祥地之一，有着10000年前的人类化石遗存、5000年的人类文明史和1800年的建县史。勤劳智慧的桐庐先民，在这片钟灵毓秀的土地上，创造出了辉煌灿烂的历史文化，留下了弥足珍贵的文化遗产。

　　文物承载着灿烂文明，蕴藏着文化的基因与文明的火种。桐庐县博物馆自2004年10月开馆以来，一直致力于收藏、研究、保护、传播并展示人类活动和自然环境的见证物，践行"让收藏在博物馆里的文物活起来"的理念，在日益丰富馆藏文物的同时，充分挖掘文物价值，努力使其走出博物馆展厅与库房，成为人民美好生活不可或缺的一部分。

　　本书从2300余件（套）馆藏文物中遴选出195件（套）具有代表性的精品，以器物质地类别为纲，结合文物数量和特性，分为化石、石器，玉器，陶瓷器，金属器，书画五个部分。除书画类之外，其他器类主要为桐庐本地出土，富有代表性，地域辨识度高。化石、石器部分共收录32件（套），以延村洞、大麦凸、小青龙等遗址考古勘探、发掘出土器物为主（因方家洲遗址尚未完成考古发掘品移交手续，本书未收录其出土文物），辅以县内各地采集出土石器，其中分水镇印渚延村洞发现的人类头骨化石，升起了桐庐第一缕文明曙光，大麦凸、小青龙等遗址出土的石器，为良渚文明添上了浓墨重彩的一笔，见证了桐庐史前文化发展史。玉器部分共收录21件（套），收录了良渚文化玉钺、玉琮、漆柄玉钺、玉璧与明清时期墓葬出土的玉饰件等一批代表性器物。陶瓷器部分共收录自新石器时代、商周至清代各个历史时期的器物80件（套），类型丰富，这些出土文物生动再现了源远流长的桐庐历史文化。金属器部分共收录23件（套），涵盖礼器、武器、铜镜、度量衡器等文物，年代有战国、汉、唐、宋、元、明、清。书画部分共收录39件（套），其中绘画28件、书法11件，种类以扇面为主，汇聚了明清至近现代众多江南名家之作，展现了诗画江南的人文之美、人文之光。

　　一件件文物凝聚着祖先们的智慧和汗水，印证着历史的足迹。我们将一如既往地守护好文物，充分发挥"以文物育人"的作用，让文物更好地在新时代"流动"起来、"传承"下去，焕发新活力，绽放新光彩。

目　录

第一辑　化石、石器

晚更新世人类头骨化石　　　　　　　　二
新石器时代石凿　　　　　　　　　　　三
新石器时代石斧　　　　　　　　　　　四
新石器时代石锛　　　　　　　　　　　五
新石器时代石锛　　　　　　　　　　　六
新石器时代石刀　　　　　　　　　　　七
新石器时代石斧　　　　　　　　　　　八
新石器时代石斧　　　　　　　　　　　九
新石器时代石矛　　　　　　　　　　　一〇
新石器时代石镞　　　　　　　　　　　一一
新石器时代石镞　　　　　　　　　　　一一
新石器时代石镞　　　　　　　　　　　一一
新石器时代石刀　　　　　　　　　　　一二
新石器时代双肩石钺　　　　　　　　　一三
新石器时代双肩石钺　　　　　　　　　一四
新石器时代良渚文化石钺　　　　　　　一五
新石器时代良渚文化石钺　　　　　　　一六
新石器时代良渚文化石斧　　　　　　　一七
新石器时代良渚文化石锛　　　　　　　一八
新石器时代良渚文化石锛　　　　　　　一九
新石器时代良渚文化石破土器　　　　　二〇

新石器时代良渚文化石斧　　　　　　　二〇
新石器时代良渚文化石斧　　　　　　　二一
新石器时代良渚文化单肩石钺　　　　　二二
新石器时代良渚文化有段石锛　　　　　二三
新石器时代良渚文化石钺　　　　　　　二四
新石器时代良渚文化石钺　　　　　　　二五
新石器时代良渚文化有段石锛　　　　　二六
新石器时代良渚文化石钺　　　　　　　二七
新石器时代良渚文化双孔石刀　　　　　二八
新石器时代良渚文化石钺　　　　　　　二九
南朝舍利石函　　　　　　　　　　　　三〇

第二辑　玉　器

新石器时代良渚文化玉钺　　　　　　　三二
新石器时代良渚文化玉琮　　　　　　　三三
新石器时代良渚文化漆柄玉钺　　　　　三四
新石器时代良渚文化小青龙遗址M14文物遗迹组件
　　　　　　　　　　　　　　　　　　三五
新石器时代良渚文化玉璧　　　　　　　三六
新石器时代良渚文化玉璧　　　　　　　三七
新石器时代良渚文化玉锥形器　　　　　三八
新石器时代良渚文化玉锥形器（带套管）三九
新石器时代良渚文化玉锥形器　　　　　四〇

新石器时代良渚文化玉锥形器　　　　四一
新石器时代良渚文化玉串饰　　　　　四二
新石器时代良渚文化玉管　　　　　　四三
新石器时代良渚文化玉钺　　　　　　四四
新石器时代良渚文化隧孔玉珠　　　　四五
新石器时代良渚文化玉镯　　　　　　四六
新石器时代良渚文化玉钺　　　　　　四七
新石器时代良渚文化玉钺　　　　　　四八
明鹤首白玉带钩　　　　　　　　　　四九
明铜鎏金透雕荷花鹭鸶纹青白玉带扣　五二
明末清初双螭形白玉佩　　　　　　　五三
明末清初铜鎏金白玉带扣　　　　　　五四

第三辑　陶瓷器

新石器时代良渚文化陶双鼻壶　　　　五六
新石器时代良渚文化陶纺轮　　　　　五七
新石器时代良渚文化陶杯　　　　　　五八
西周褐釉原始瓷豆　　　　　　　　　五九
西周青褐釉原始瓷豆　　　　　　　　六〇
西周褐釉双系原始瓷盂　　　　　　　六一
春秋原始瓷碗　　　　　　　　　　　六二
战国印纹硬陶罐　　　　　　　　　　六三
战国印纹硬陶坛　　　　　　　　　　六四
战国原始瓷匜　　　　　　　　　　　六五
汉褐釉原始瓷虎子　　　　　　　　　六六
汉原始瓷盖鼎　　　　　　　　　　　六七
汉釉陶五联罐　　　　　　　　　　　六八
西汉鸟纹双系敞口原始瓷壶　　　　　六九
西汉兽面双耳原始瓷瓿　　　　　　　七〇

西汉曲线纹原始瓷匜　　　　　　　　七一
西汉弦纹铺首原始瓷匜　　　　　　　七二
东汉弦纹双系原始瓷盘口壶　　　　　七三
三国青黄釉双系瓷罐　　　　　　　　七四
西晋青釉铺首衔环纹双系瓷罐　　　　七五
西晋青釉印网格纹瓷水盂　　　　　　七六
西晋青釉瓷灯盏　　　　　　　　　　七七
西晋越窑青釉四系盘口瓷壶　　　　　七八
西晋越窑青釉瓷猪圈　　　　　　　　七九
西晋越窑青釉四系瓷水盂　　　　　　八〇
西晋越窑青釉瓷灶　　　　　　　　　八一
西晋越窑青釉瓷钵　　　　　　　　　八二
西晋越窑青黄釉双系瓷罐　　　　　　八三
西晋越窑青黄釉镂空双系瓷香薰　　　八四
西晋越窑青釉堆塑瓷罐　　　　　　　八五
西晋越窑青釉三足瓷洗　　　　　　　八六
西晋青釉瓷狗圈　　　　　　　　　　八七
东晋青黄釉直腹瓷碗　　　　　　　　八八
东晋越窑青釉双耳杯瓷托盘　　　　　八九
东晋越窑青釉四系盘口瓷壶　　　　　九〇
东晋越窑青釉四系瓷罐　　　　　　　九一
东晋越窑青釉褐彩羊形瓷器　　　　　九二
南朝黑釉辟雍瓷砚　　　　　　　　　九四
南朝青釉龙柄瓷鸡首壶　　　　　　　九五
隋青釉双复系盘口瓷壶　　　　　　　九六
唐青釉蟠龙瓷罂　　　　　　　　　　九七
唐越窑青釉瓷碗　　　　　　　　　　九八
唐青釉刻划花瓷罐　　　　　　　　　九九
唐越窑青釉玉璧底瓷碗　　　　　　　一〇〇
唐越窑青釉花口瓷盘　　　　　　　　一〇一
唐青釉瓷盏托　　　　　　　　　　　一〇二

唐越窑青釉双系瓷罐	一〇三
五代青釉瓷钵	一〇四
北宋龙泉窑青釉刻花瓷碗	一〇五
北宋青白釉葵口高足瓷碗	一〇六
北宋青白釉刻划花花口瓷碗	一〇七
北宋青白釉瓷粉盒	一〇八
北宋青釉瓷盖罐	一〇九
宋青白釉莲花纹八方瓷粉盒	一一〇
宋青白釉荷花纹堆塑瓷盒	一一一
宋白釉莲瓣纹花口瓷盆	一一二
宋褐釉堆塑瓷罐	一一三
宋绞釉瓷罐	一一四
南宋龙泉窑青釉莲瓣纹瓷碗	一一五
南宋龙泉窑青釉莲瓣纹瓷盘	一一六
南宋青釉刻花花口瓷碗	一一七
南宋灰陶文吏俑	一一八
南宋灰陶文吏俑	一一九
南宋灰陶十二时辰"亥"俑	一二〇
南宋灰陶人首蛇身俑	一二一
南宋灰陶蟾蜍俑	一二二
南宋灰陶鱼俑	一二三
南宋牡丹纹花板砖	一二四
南宋缠枝牡丹纹花板砖	一二四
南宋鹿衔仙草纹花板砖	一二五
南宋缠枝花卉纹花板砖	一二五
元白釉折腹瓷盘	一二六
元龙泉窑青釉瓷罐	一二七
元龙泉窑青釉印花瓷碗	一二八
元龙泉窑青釉刻划花瓷碗	一二九
明青花麒麟芭蕉纹瓷碗（四只）	一三〇
明德化窑白釉堆贴龙虎纹瓷杯	一三一
清粉彩仕女图瓷枕（一对）	一三二
清嘉庆景德镇窑粉彩福寿花卉纹花口瓷盘	一三三
清末民初胭脂红地轧道粉彩开光花鸟铺首瓷尊	一三四

第四辑　金属器

战国青铜剑	一三六
汉错金银铜弩机	一三七
唐海兽葡萄纹铜镜	一三八
北宋雍熙三年（986）"分水县尉朱记"铜印	一三九
宋仿汉博局纹镜	一四〇
宋金牌	一四一
宋铭文钟形铜镜	一四二
南宋淳祐五年（1245）青铜锣	一四三
南宋银脚金凤钗（一对）	一四四
元铜权	一四六
元铜权	一四六
元大德四年（1300）铜权	一四六
明人物故事纹银手镯（一对）	一四七
明"方舟"铭文铜镜	一四八
清兽面纹青铜壶	一四九
清青铜簋	一五〇
清同治十二年（1873）青铜象尊	一五一
清烧蓝人物故事纹银手镯（一对）	一五二
清蝙蝠纹錾花银耳坠（一对）	一五三
清鲤鱼跃龙门纹鎏金累丝银帽花	一五五
清咸丰十一年（1861）紫铜火炮	一五六
清咸丰十一年（1861）紫铜火炮	一五七
清"宝昌祥"款银锭	一五八

第五辑　书　画

1610年叶雨山水图扇面　　　　　　　　一六〇

1629年刘原起高士访友图扇面　　　　　一六一

1700年蒋廷锡兰石图扇面　　　　　　　一六二

1744年吴震生山水图扇面　　　　　　　一六三

清陈兆仑行书七言诗扇面　　　　　　　一六四

1800年余集探梅图扇面　　　　　　　　一六五

1825年杨天璧秋山红叶图团扇面　　　　一六六

1826年王学浩青绿山水图扇面　　　　　一六七

1837年冯箕采菱仕女图扇面　　　　　　一六八

1871年周闲大利图扇面　　　　　　　　一六九

1876年费以群花木兰从军图扇面　　　　一七〇

1876年陆恢五伦图扇面　　　　　　　　一七一

1877年潘曾莹花卉图扇面　　　　　　　一七二

1885年胡寅楷隶书团扇面　　　　　　　一七三

清张熊花卉草虫图扇面　　　　　　　　一七四

1886年胡义赞山水图扇面　　　　　　　一七五

1890年恽元复瑶阶秋艳图团扇面　　　　一七六

1890年张祖翼隶书汉王纯碑团扇面　　　一七七

清任薰高士图扇面　　　　　　　　　　一七八

清孙衣言行书节录李白诗扇面　　　　　一七九

1895年吴滔秋山策杖图扇面　　　　　　一八〇

清吕浩仿陆治青绿山水图扇面　　　　　一八一

清胡璋山水团扇面　　　　　　　　　　一八二

1903年钱慧安唐寅小像图扇面　　　　　一八三

清袁昶行书卷　　　　　　　　　　　　一八七

清沙馥人物图团扇面　　　　　　　　　一八八

1915年康有为行书八言联　　　　　　　一八九

1923年吴淑娟花卉图扇面　　　　　　　一九〇

1924年萧俊贤秋山叠翠图扇面　　　　　一九一

1924年吴徵溪山新霁图扇面　　　　　　一九二

1925年马寅初篆书李白诗扇面　　　　　一九三

1930年余绍宋松寿图立轴　　　　　　　一九四

1931年郭兰祥海棠萱草图扇面　　　　　一九五

1935年应均草书苏轼诗轴　　　　　　　一九六

近代郑沅楷书节录陈师道后山谈丛团扇面　一九七

1943年谢月眉花鸟图扇面　　　　　　　一九八

1945年叶曼叔仕女图扇面　　　　　　　一九九

近代吴徵行书五言诗团扇面　　　　　　二〇〇

近代余绍宋行草书阮籍诗轴　　　　　　二〇一

后　记　　　　　　　　　　　　　　　二〇二

第一辑 化石、石器

桐庐县 山水如画 人杰地灵 钱塘
江流域 化石 五千年 文化遗产 承
载 化石石器 文明 见证 诗画 江南 人文之美 渚
书画 玉 陶瓷 金属器 人文
之光 历史足迹 守护 焕发活
力 绽放 光彩 文物 焕发活

晚更新世人类头骨化石

2000年5月印渚镇（今属分水镇）延村洞出土

头骨化石共有5块，其中一块尚胶结在岩石内。除一块2.5厘米×2.8厘米的不规则骨片属于右侧额骨鳞部下组成眼眶近中三分之一的部分外，另外4块（含胶结在岩石内的）头骨经仔细拼合，可以将骨缝及骨片破裂断面完全对接吻合，属于左右侧顶骨的后部，保存有矢状缝与右侧人字缝的大部分及左侧人字缝的小部分。该化石属于同一个个体，为人类晚期智人，年代为晚更新世晚期以后，距今约一万年。

新石器时代石凿

旧藏

长12.6厘米，宽2.0厘米，厚1.9厘米

通体黑色，长条形，上宽下窄，中截面呈方形，单面刃。体表凹凸不平。

新石器时代石斧

窄溪米山遗址采集

长12.6厘米，宽5.6厘米，厚3.3厘米

通体浅黄褐色，断面为椭圆形，弧肩，双面刃。

新石器时代石锛

1977年旧县公社四联大队（今旧县街道旧县村）濮村出土

长19.2厘米，肩宽4.4厘米，刃宽6.2厘米，厚1.6厘米

灰白色，磨制精细，表面光滑。长条形，平面呈梯形，方肩，单面刃。

新石器时代石锛

1977年旧县公社四联大队（今旧县街道旧县村）濮村出土

长19.9厘米，肩宽4.3厘米，刃宽6.1厘米，厚1.7厘米

灰白色，磨制精细，表面光滑。长条形，平面呈梯形，方肩，单面刃。

新石器时代石刀

1977年旧县公社四联大队（今旧县街道旧县村）濮村出土

长8.7厘米，肩宽3.8厘米，刃宽6.1厘米，厚0.9厘米

黑色，表面光滑。断面呈三角形，有柄，柄与刃身间内收，刃与刀身间起棱，双面刃。

新石器时代石斧

桐庐县公安局陈志诚上缴

长12.1厘米，宽6.5厘米，厚3.6厘米

通体灰白色，表面粗糙。平面略呈长方形，双面刃。

新石器时代石斧

1974年石阜公社（今属江南镇）彰坞村窑厂采集

长13.5厘米，宽7.0厘米，厚3.8厘米

青灰色，表面凹凸不平。平面略呈长方形，弧肩，双面刃。

新石器时代石矛

1974年桐君公社高山大队（今桐君街道阆苑村高山自然村）龙洞附近采集

长18.0厘米，宽8.5厘米，中厚1.4厘米

通体灰色，矛身呈三角形，一面中起脊，两侧皆有刃。

新石器时代石镞

旧藏
长7.5厘米，宽1.8厘米，厚0.5厘米
通体青灰色，断面呈菱形，中起脊。尖刃，表面磨制光滑。

新石器时代石镞

1983年横村公社龙伏大队（今横村镇龙伏村）村民王伟采集上缴
长5.0厘米，宽1.8厘米，厚1.0厘米
通体青灰色，顶端呈圆柱形，残缺。三面刃，刃部锐利。表面磨制光滑。

新石器时代石镞

1978年横村公社龙伏大队（今横村镇龙伏村）村民王伟采集上缴
长7.5厘米，宽2.2厘米，厚0.7厘米
通体青灰色，断面呈菱形，中起脊。尖刃，表面磨制光滑。

新石器时代石刀

窄溪米山遗址采集

长11.0厘米，宽7.1厘米，厚2.7厘米

通体浅棕褐色，平面略呈椭圆形，弧肩，双面刃。

新石器时代双肩石钺

1980年12月凤川公社（今属凤川街道）砖瓦厂工地出土，徐关水上缴

长15.5厘米，宽7.6厘米，厚1.2厘米，孔径2.3厘米

通体青灰色，平面呈锄形。上部呈弓箭状，折肩。肩部中心穿一圆孔，双面刃。

新石器时代双肩石钺

奚谷川、姜雪明捐赠

长7.2厘米，宽6.0厘米，厚1.6厘米，孔径2.0厘米

通体灰白色。上部呈弓箭形，弧肩。中心凿有一圆孔，双面刃。

新石器时代良渚文化石钺

1993年横村镇柳岩村大麦凸遗址出土

长14.3厘米，宽13.4厘米，中厚1.0厘米，孔径2.2厘米

深灰色，系泥质粉砂岩。表面磨光，断面较粗糙。扁平梯形，上窄下宽。中间向边缘斜薄。双面刃。近顶部中间穿一圆孔，孔壁中间有一交会凸棱。

新石器时代良渚文化石钺

1993年横村镇柳岩村大麦凸遗址出土

长14.0厘米，宽8.8厘米，中厚1.4厘米，孔径2.8厘米

深灰夹土黄色，系晶屑玻屑凝灰岩，由晶屑、玻屑等火山碎屑物质组成。表面磨光。扁平梯形，上窄下宽。中间向边缘斜薄。双面刃。近顶部中间穿一圆孔，孔缘整齐，孔壁中间有一交会凸棱。

新石器时代良渚文化石斧

1993年横村镇柳岩村大麦凸遗址出土

长14.0厘米，宽4.9厘米，厚3.5厘米

通体灰白色，上窄中宽。双面刃，表面粗糙且凹凸不平。

新石器时代良渚文化石锛

1993年横村镇柳岩村大麦凸遗址出土

长18.3厘米，宽5.8厘米，厚1.9厘米

浅青灰色，通体磨光。系含粉砂泥岩。近似长条形，方肩，单面刃。

新石器时代良渚文化石锛

1993年横村镇柳岩村大麦凸遗址出土

长15.8厘米，宽2.9厘米，厚2.8厘米

灰白色，通体磨光。系泥质粉砂岩。窄方柱体，顶部弧凸，局部遗留片疤。单面刃。

新石器时代良渚文化石破土器

1993年横村镇柳岩村大麦凸遗址出土

通高15.0厘米，刃宽15.2厘米，把长约7.0厘米，把宽5.2厘米，厚1.6厘米

深灰色，表面有芝麻点空洞。系变质泥质粉砂岩。靴形，表面不甚光滑。器形扁平，直把，把肩部呈弧形，双面刃，刃部有使用形成的崩缺。

新石器时代良渚文化石斧

1993年横村镇柳岩村大麦凸遗址出土

长20.4厘米，宽6.9厘米，厚5.3厘米

通体灰褐色，表面粗糙。系辉绿岩。近似长条形，弧肩，双面刃。

新石器时代良渚文化石斧

1993年横村镇柳岩村大麦凸遗址出土

长21.5厘米，宽13.4厘米，厚3.5厘米

通体浅灰色，上窄下宽。纵截面略呈浅勺形。打制而成，体表较为粗糙，一面简单打磨，另一面保留较多片疤，刃部有使用形成的崩缺。器身有多处刻划，其中打磨一面的右下部刻划一"父"字形符号。

新石器时代良渚文化单肩石钺

2011年小青龙遗址M4出土

长14.0厘米，宽11.7厘米，厚0.9厘米，孔径1.7厘米

通体灰绿色，有深灰色色带和小色斑。系泥质粉砂岩。近长方形，单肩。中间厚，由中间往两侧渐薄，双面管钻圆孔。精磨光亮。

新石器时代良渚文化有段石锛

2011年小青龙遗址M4出土

长10.0厘米，宽3.1厘米，厚1.1厘米

通体青灰色。长条形，有段，方肩，单面刃。

新石器时代良渚文化石钺

2011年小青龙遗址M5出土

长12.8厘米，顶宽6.8厘米，刃宽8.8厘米，厚0.7厘米，孔径3.8厘米

灰色夹黄斑，溶孔较多，含角砾晶屑凝灰岩。中间厚，由中间往两侧渐薄，刃角圆弧，大孔，双面管钻。除顶端外，通体精磨光亮，未发现使用痕迹。

新石器时代良渚文化石钺

2011年小青龙遗址M7出土

长17.6厘米，顶宽8.0厘米，刃宽9.2厘米，厚1.1厘米，孔径1.7厘米

浅青色，夹白色纹理。呈"风"字形，器身扁平，双面管钻圆孔。刃部有疤痕，通体精磨光亮。

新石器时代良渚文化有段石锛

2011年小青龙遗址M9出土

长10.4厘米，顶宽8.2厘米，刃宽8.7厘米，厚1.1厘米

浅灰白色。表面有风化之粉末，断口细腻。系粉砂质泥岩。长方形，有段。顶部两面均留有琢打的片疤。

新石器时代良渚文化石钺

2011年小青龙遗址M10出土

长12.0厘米，顶宽6.8厘米，刃宽8.2厘米，厚1.0厘米，孔径2.2厘米

黑褐色夹灰斑。中厚，中间往两侧渐薄，刃角圆弧。双面管钻圆孔。通体磨光。

新石器时代良渚文化双孔石刀

2012年小青龙遗址M40出土

顶端长17.4厘米，刃端长18.8厘米，宽6.3厘米，厚1.0厘米，孔径1.5厘米

深灰色，表面光滑。系角岩。扁梯形，整器厚实，中部偏上并列钻左右两圆孔，左右两侧边打磨呈尖凸状。

新石器时代良渚文化石钺

2012年小青龙遗址M41出土

长10.8厘米，顶宽9.0厘米，刃宽9.8厘米，厚1.1厘米

灰绿色，夹浅灰色斑，断面呈灰绿色。系蚀变石英杂砂岩。呈梯形，顶部保留有片疤，刃部有使用形成的崩缺。

南朝舍利石函

2010年分水镇太平行政村章家自然村出土

长40.0厘米，宽20.0厘米，通高20.0厘米

滑石质地，子母口平盖。盖面微隆，正中线刻一朵莲花，两层莲瓣，中间有莲蓬、莲子；盖侧四面刻一周缠枝忍冬纹。函身正面浮雕双狮博山炉图案，中间雕博山炉，覆莲座，炉身饰仰莲，炉盖作山峦层叠状。炉两侧二狮子相对，长尾上扬分作两端，侧身后仰，张口露齿，形态生动。函身两侧线刻莲荷纹，函身背面素纹。这是目前南朝舍利石函的首次发现，填补了南朝佛舍利容器出土的空缺，是研究南朝舍利制度的重要资料。

第二辑 玉器

桐庐县 山水如画 人杰地灵 钱塘
江流域 化石 五千年 文化遗产 承
化石 石器 陶瓷 金属器
书画 玉 良渚
文明 见证 诗画 江南 人文
之光 历史足迹 守护 焕发活
力 绽放 光彩 文物

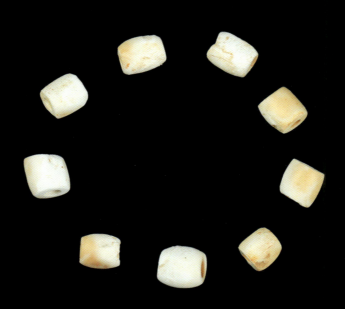

新石器时代良渚文化玉钺

2011年小青龙遗址M6出土

长20.7厘米，顶宽12.4厘米，刃宽16.0厘米，最厚0.5厘米，上孔径1.4厘米，下孔径2.0厘米

青白色，透闪石。整器呈"风"字形，顶端打磨平整。上部有两个双向管钻圆孔，下孔大于上孔。体薄，一面较平整，另一面略弧凸。弧凸面保留数处明显的线切割痕。双面弧刃。

这件玉钺个体大且器身薄，玉钺顶端保留有明显的台痕，平面上保留凹弧形切割痕，表明以山地、丘陵为主的钱塘江中上游地区的良渚文化遗址先民掌握了大件玉料的开片技术，已运用片切割、线切割技术。

新石器时代良渚文化玉琮

2011年小青龙遗址M13出土

射径6.0厘米，孔径5.4厘米，高3.1厘米

青白色，透闪石。拼合而成，局部沁蚀残缺。内壁微凸，外壁减地分成四个等距的长方形弧凸面，每面各浅浮雕一组简化的神人兽面纹。每组神人兽面纹由上、下两部分组成，上部饰一组平行的凸弦纹和象征式的神人面纹，下部为兽面纹。

新石器时代良渚文化漆柄玉钺

2011年小青龙遗址M10出土

通长60.6厘米；玉钺上宽10.0厘米，下宽11.0厘米，长11.8厘米，厚1.0厘米，孔内径2.0厘米；漆柄宽4.0—5.0厘米，厚2.5厘米

整器由玉钺和漆柄组合而成。玉钺呈青白色，梯形，横断面近似菱形。钺上部圆孔两侧保留朱漆痕和黑彩系钺的捆绑痕迹，柄上通体髹朱漆，首末端施黑彩图案。这件玉钺是目前为止良渚文化发现的保存最完整的漆柄玉钺，是复原玉石钺装柄方式重要的实物资料。

新石器时代良渚文化小青龙遗址M14文物遗迹组件

2011年小青龙遗址M14出土

通体长120.0厘米，宽56.0厘米

该文物遗迹截取了小青龙M14墓葬下半部分，包括玉锥形器、玉钺、漆柄玉钺、袋状漆器、不明漆器、漆觚各一件，直观展示了小青龙良渚文化墓葬的葬仪。其中袋状漆器，长约20.0厘米，宽7.0厘米，两侧边缘均见有细浅槽，宽约0.6厘米，槽内有连续均匀分布的针孔，推测为缝制的皮革胎漆器。袋状漆器及漆集中反映了良渚文化先民高超的漆器加工技术。有考古学者根据墓葬玉锥形器与漆觚器用组合出土现象，认为该玉锥形器是榫接于木棒上置于觚中以裸酒的。

新石器时代良渚文化玉璧

2011年小青龙遗址M6出土

外径15.9厘米，孔径6.5厘米，肉宽4.7厘米，厚2.0厘米

青白色，透闪石。大孔，器形较规整。通体精磨光亮，侧边局部保留切割痕，钻孔内壁保留管钻的台痕和旋转痕。

新石器时代良渚文化玉璧

2011年小青龙遗址M14出土

外径14.6厘米，孔径5.4厘米，肉宽4.6厘米，厚1.2厘米

青白色，透闪石。体薄，大孔，器形较规整。通体精磨光亮，钻孔内壁保留管钻的台痕和旋转痕。

新石器时代良渚文化玉锥形器

2011年小青龙遗址M2出土

长7.6厘米，最大直径1.4厘米

鸡骨白，夹黄斑。截面为扁圆形，中粗，两端渐收。锥尖部分与锥身有较明显的分隔线。尾部有榫，呈圆锥形，榫上无孔。

新石器时代良渚文化玉锥形器（带套管）

2011年小青龙遗址M4出土

玉锥形器长7.6厘米，直径1.2厘米，孔径0.5厘米，孔深0.7厘米

玉套管高1.4厘米，上径0.7厘米，下径1.1厘米，孔径0.5厘米

玉锥形器呈鸡骨白，夹黄斑。截面近似圆角方形，尖首，尾端平直，中间钻一圆洞。玉管套，束腰喇叭状，上下贯穿，中上部刻一周细弦纹。钻孔内壁保留有细密的管钻痕。

新石器时代良渚文化玉锥形器

2011年小青龙遗址M8出土

长6.0厘米，直径0.7厘米，孔径0.2厘米

暗黄绿色，系石英质。截面圆形，尖首，锥尖部分与锥身有较明显的分隔线。尾端有榫，偏扁，榫上穿孔。

新石器时代良渚文化玉锥形器

2011年小青龙遗址M9出土
长6.4厘米，直径0.7厘米，孔径0.15厘米
鸡骨白，透闪石。截面椭圆形，尖首，尾端钻孔。器身留有片切割痕。

新石器时代良渚文化玉串饰

2011年小青龙遗址M8出土

高0.8—1.1厘米，外径0.8—1.1厘米，孔径0.4厘米

玉串饰共由9粒玉珠组成，出土时集中在一起。受沁呈鸡骨白。有鼓形、圆柱形，截面呈椭圆形。有贯穿圆孔，以供穿系之用。素面无纹。

新石器时代良渚文化玉管

2011年小青龙遗址M9出土

高5.3厘米，外径1.6厘米，孔径0.8厘米

鸡骨白，透闪石。横截面呈弧面三角形。管钻孔，钻孔内壁保留有细密的管钻痕。

新石器时代良渚文化玉钺

2011年小青龙遗址M9出土

长10.7厘米，顶宽9.2厘米，刃宽10.4厘米，厚约1.0厘米，孔径2.0厘米

青白色，呈梯形，上部双向管钻圆孔，顶端保留片切割的台痕，刃端双面锋，有崩缺，两侧边也开锋。器身表面光滑，局部因风化淋失作用形成小孔洞。

新石器时代良渚文化隧孔玉珠

2011年小青龙遗址M15出土
直径1.7厘米，孔径0.3厘米
鸡骨白，透闪石。呈圆球状，有牛鼻形隧孔。隧孔先后以两侧斜向桯钻而成。

新石器时代良渚文化玉镯

2011年小青龙遗址M15出土

高3.2厘米，直径7.8厘米，孔内径6.2厘米，壁厚0.8厘米

透闪石。鸡骨白，局部沁蚀呈黄色。宽环带形，壁微内弧。玉镯是良渚文化较常见的作为臂饰和腕饰的装饰品。

新石器时代良渚文化玉钺

2011年小青龙遗址M33出土

长14.8厘米，顶宽5.2厘米，刃宽8.8厘米，厚0.6厘米，孔径1.0厘米

灰白色，局部沁蚀呈灰黄色。呈"风"字形，器形扁平，其上保留有凹弧形切割痕。双面锋，圆弧刃，刃部有多处崩疤。顶部则保留有片切割痕。双向管钻成孔，孔中间留有明显的台脊。器表磨制光滑。

新石器时代良渚文化玉钺

1993年横村镇柳岩村大麦凸遗址采集

长15.4厘米，刃宽10.3厘米，中厚1.2厘米

淡黄绿色。表面磨光。略呈"风"字形，上窄下宽。顶端留双肩，并打磨呈尖榫状以便安插。双面管钻圆孔。双面锋，弧刃，刃部有使用形成的崩缺。器身横截面中间厚，两侧渐薄。

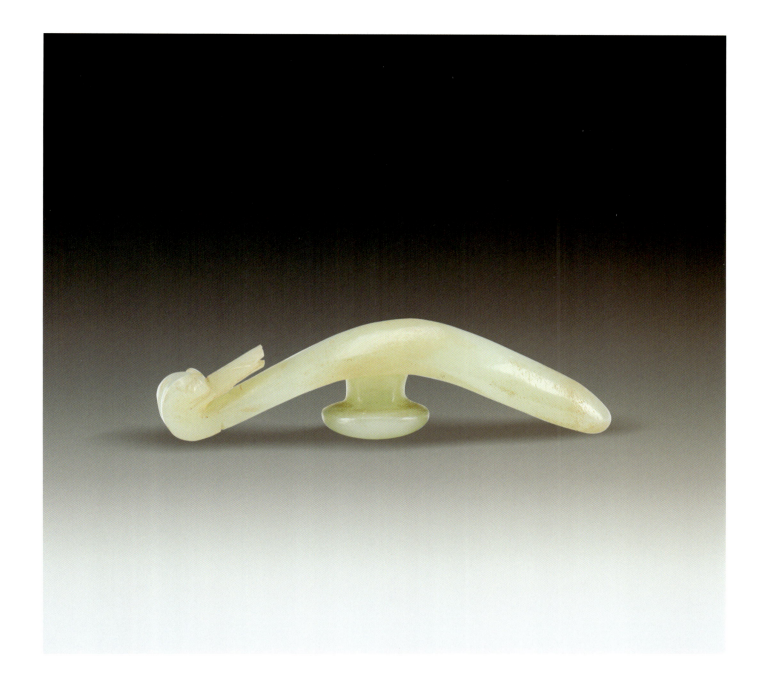

明鹤首白玉带钩

旧藏

通长8.2厘米，通宽1.8厘米，通高2.3厘米，钮高1.1厘米，钮径1.9厘米

白玉，玉质洁白滋润。钩身呈琵琶形，下附圆钮，钩头上翘，浮雕鹤首，鹤首长嘴微张。器身光素。

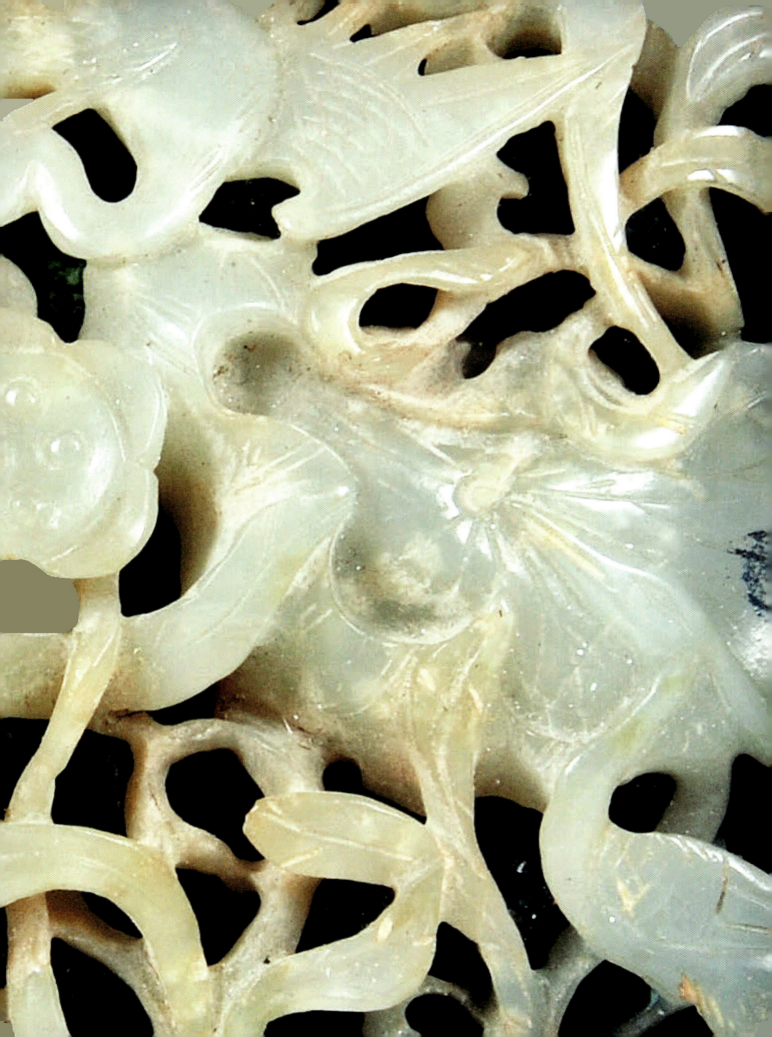

明铜鎏金透雕荷花鹭鸶纹青白玉带扣

1987年罗山乡（今属百江镇）松村清墓出土

通长7.9厘米，通宽6.3厘米

玉为青白色，玉质温润。整块玉镶嵌在一长方形铜鎏金带扣中，玉面拱起，镂雕荷花纹、鹭鸶纹。中间饰一枝莲蓬和一朵盛开的荷花，两侧为两片张开的大荷叶，左上角和上方分别饰一只展翅飞翔的鹭鸶，右下角站立一只引颈昂首的鹭鸶，姿态各异。整幅画面有"一路连科"之意，寓意科举连连及第，仕途得意。雕刻精美有层次，纹饰流畅，富有动感。

明末清初双螭形白玉佩

20世纪80年代罗山乡（今属百江镇）乐明村张兆凤夫妻合葬墓出土

通长9.0厘米，通宽6.3厘米，厚0.7厘米

玉受沁呈黄褐色。由玉璧和镂雕双螭龙两部分组成。玉璧正面光素，外围镂雕两条螭龙，双首呼应、互相环绕，曲卷盘于璧的四周。璧由内向外渐薄，背面内外缘各阴刻一周弦纹，其间饰五个阴刻简化螭龙纹。通体打磨精细，有玻璃光泽。墓主人张兆凤，清康熙二十四年（1685）拔贡，历任福建闽县知县、延平知府与广东高州知府。

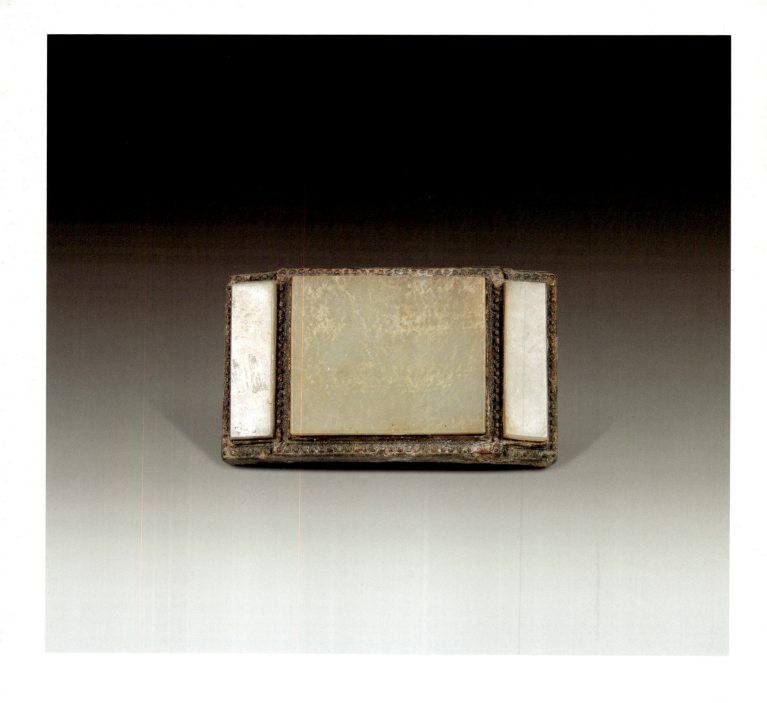

明末清初铜鎏金白玉带扣

20世纪80年代罗山乡（今属百江镇）乐明村张兆龙墓出土

通长8.0厘米，通宽4.9厘米，厚1.5厘米

玉饰板受沁泛黄色。带扣略呈弧形。玉饰板分成一大两小的三块，长方形，大的玉饰板镶于铜鎏金带扣正中，小的两块玉饰板分别镶于两旁。墓主人张兆龙为清康熙年间廪贡，任福建宣平教谕、南河同知。

新石器时代良渚文化陶双鼻壶

2011年小青龙遗址M17出土

口径6.0厘米，足径5.9厘米，高9.4厘米

泥质灰胎黑皮陶。侈口，长颈，圆腹，矮圈足。口外对称双鼻。圈足上部饰有一周垂棱纹。

新石器时代良渚文化陶纺轮

2011年小青龙遗址灰坑出土

顶面直径4.9厘米，孔径0.8厘米，高1.4厘米

泥质灰陶。饼形，截面呈梯形。

新石器时代良渚文化陶杯

2011年小青龙遗址M9出土

口内径6.1厘米，足径6.7厘米，高10.0厘米

泥质灰胎黑皮陶。侈口，束颈，垂腹，矮圈足，平底。口外沿安有对称的双贯耳。

西周褐釉原始瓷豆

2010年江南镇石泉村天子岗采集

口径9.3厘米，腹径9.6厘米，足径4.8厘米，高4.9厘米

方唇，敛口，斜直腹，下腹弧收，喇叭状高圈足。圈足与器身分制拼接成型。青灰色胎，施青釉，釉层薄。上腹饰弦纹，对称贴饰有三组圆钮系。内外壁均粘连窑渣。

西周青褐釉原始瓷豆

合村乡前柏村采集

口径10.0厘米，足径4.8厘米，高4.9厘米

圆唇，直口微敞，上腹直，下腹弧斜收，矮圈足。下腹有明显刮削痕迹。灰黄色胎。器型不正，器表施青黄釉，不及底足，脱釉严重。上腹饰弦纹。

西周褐釉双系原始瓷盂

合村乡前柏村采集

口径7.8厘米，腹径8.5厘米，足径5.1厘米，高3.4厘米

圆唇，敛口，溜肩，鼓腹，矮圈足。施褐釉不及底，釉层不均匀，有垂釉现象，釉面局部剥落，腹部与底部露胎处呈灰白色。肩部贴塑两个横双复系，系两端贴饰"S"形纹。肩部一周戳印篦点纹。

春秋原始瓷碗

1999年7月横村镇阳山畈村采集

口径9.8厘米，底径5.9厘米，高5.0厘米

尖唇，斜沿，侈口，上腹直，下腹急收为小平底。灰白胎，胎体较薄。通体施青釉，釉层剥落严重。内底满布密集的旋纹。

战国印纹硬陶罐

2005年瑶琳镇琴溪村郎家出土

口径11.2厘米，腹径18.0厘米，底径12.0厘米，高11.1厘米

侈口，卷沿，短颈，鼓腹，平底。灰色胎，胎体杂质较多，内壁凹凸不平。腹部通体拍印米格纹。

战国印纹硬陶坛

2004年富春江镇孝门村童寿昌捐赠

口径19.0厘米，腹径29.0厘米，底径13.5厘米，高32.2厘米

卷沿，侈口，矮颈，丰肩，呈耸肩状，斜腹渐收，平底。灰胎，胎体坚硬。肩、腹部外壁拍印麻布纹，未及底。器表呈黄褐色。

战国原始瓷匜

2012年征集

口径16.0厘米，腹径17.2厘米，底径8.3厘米，高7.5厘米

圆口，弧腹，小平底。口沿一侧贴饰系，另一侧置槽口流。内外壁施青黄色釉，釉层较薄且不均匀，多剥落。匜为古代盥器，是盥洗时浇水的用具，有陶、青铜和瓷制品。

汉褐釉原始瓷虎子

2012年征集

通长26.0厘米，通宽12.5厘米，通高17.5厘米

器作伏虎状，前置圆口，虎作回首状，双目圆睁，龇牙咧嘴，鬃毛上竖。器身作长筒形，胸微弧，后尾部平，背部有绞索形提梁，周身刻划有几何纹与弧线纹。施黑褐色釉，釉层多剥落。

汉原始瓷盖鼎

2012年征集

腹径17.0厘米，通高17.2厘米

器盖呈覆盘状，顶上贴饰有等距的三个兽钮，鼎身为子母口，肩部对称置有两个长方形竖耳，外敞。器腹部微凸，有明显分界线，下承三兽足。器盖、双耳、器腹上部及器内底施青褐色釉。露胎处呈砖红色。

汉釉陶五联罐

2012年征集

通长20.0厘米，通宽20.0厘米，高8.5厘米

该器是汉墓中的陪葬品。五联罐由边上四个大罐和中间一个小罐组成，四个大小相同的大罐围成方形，中心小罐自大罐肩部开始贴饰。五罐均各自独立，互不相通，圆唇，小口，鼓圆腹，平底。每罐均带盖，盖顶置钮。灰胎釉陶，胎质较粗糙，器表釉体已剥落。

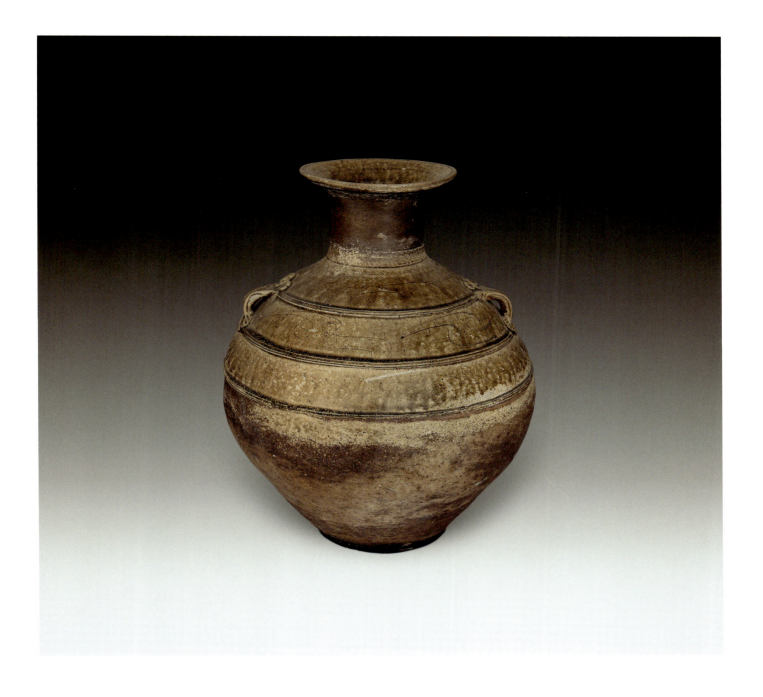

西汉鸟纹双系敞口原始瓷壶

2009年征集

口径16.7厘米，腹径38.0厘米，底径15.2厘米，高44.0厘米

喇叭形敞口，束颈，溜肩，鼓腹，浅圈足。胎灰黄色，口沿至腹上部施褐绿色釉，釉薄，多有脱落。口沿外壁及颈下部饰数道细浅水波纹。肩腹部有三道等距的凸弦纹，将肩至腹上部分成三个区域，上两个区域内各有四组鸟纹。肩部上两道凸弦纹间贴饰两个对称的环形耳，耳上横向装饰有一个变形的"S"纹。

西汉兽面双耳原始瓷瓿

2009年征集

口径10.4厘米，腹径29.0厘米，底径16.3厘米，高21.4厘米

小口，宽平沿，斜折肩，鼓腹，平底，下承三个扁三角形小矮足。口沿至上腹部施青釉，釉层多有剥落，下腹露胎，呈砖红色。肩腹部划两组细浅波浪纹，以两道凹弦纹相间。肩腹间对称贴饰兽面双耳。

西汉曲线纹原始瓷匜

2014年征集

通长25.0厘米，通宽17.0厘米，底径12.3厘米，通高11.2厘米

敛口，折腹，下腹斜收，平底。胎质坚硬细腻。口沿略呈方形，下腹至底为圆形。口一侧出槽形流，另一侧贴饰衔环形系。上腹部各饰二道凸弦纹，中间刻划三道曲线纹。内外壁施青釉，釉层薄且不均匀，已基本剥落。

西汉弦纹铺首原始瓷匜

2014年征集

通长24.5厘米，通宽16.0厘米，底径10.0厘米，通高11.5厘米

敛口，折腹，下腹斜收，平底。胎质坚硬细腻。口沿略呈方形，下腹至底为圆形。口一侧出槽形流，另一侧贴饰铺首衔环形系。上腹部各饰二道凸弦纹。内外壁施青釉，釉层薄且不均匀，已基本剥落。

东汉弦纹双系原始瓷盘口壶

2005年征集

口径12.4厘米，腹径24.7厘米，底径11.3厘米，高32.5厘米

盘口，束颈，溜肩，平底。灰胎，施青釉，釉层薄，胎釉结合欠佳，釉层基本脱落。肩部贴饰一对称的双系，系面饰叶脉纹。颈部饰弦纹和水波纹，腹部满饰弦纹。

三国青黄釉双系瓷罐

1980年凤川公社（今属凤川街道）砖瓦厂采集

口径12.3厘米，腹径21.3厘米，底径11.1厘米，高16.0厘米

直口，圆唇，短颈，丰肩，腹下部渐收，平底。肩部饰两道弦纹，置对称两竖系，系面饰叶脉纹。施青黄釉，釉不及底，釉层均匀，胎釉结合欠佳，釉面大面积脱落，底部露胎呈橘红色。

西晋青釉铺首衔环纹双系瓷罐

旧藏

口径10.8厘米，腹径17.2厘米，底径7.3厘米，高12.0厘米

侈口，短颈，丰肩，弧腹下收，平底内凹。肩部堆贴两个对称的竖系，其间对称贴塑一对铺首衔环。肩部饰三道弦纹和一周斜方格纹。胎质致密，釉面呈青黄色，施釉不及底。底部露胎呈灰褐色，釉面润泽。

西晋青釉印网格纹瓷水盂

旧藏

口径5.5厘米，腹径8.9厘米，底径4.5厘米，高3.8厘米

敛口，扁圆形，平底内凹。口沿饰二道弦纹，肩至腹中部压印斜方格网纹，腹部中心饰一道弦纹。胎质致密，施青釉，釉层均匀，釉不及底，釉色润泽。底部露胎呈黄褐色。

西晋青釉瓷灯盏

旧藏

通高5.0厘米，灯盏口径6.2厘米，承盘口径10.3厘米，承盘底径6.9厘米

由灯盏、承盘组成。灯盏微侈口，斜平沿，弧腹下收，平底，口沿流部残缺。承盘微侈口内束，斜平沿，弧腹下收，平底。釉色青色偏暗沉，局部有窑变现象，釉层不均匀，釉色润泽。底外部有流釉、刮釉痕，露胎处呈红褐色。

西晋越窑青釉四系盘口瓷壶

2009年征集

口径12.6厘米，腹径15.3厘米，底径10.2厘米，高13.6厘米

盘口，矮束颈，溜肩，弧腹，平底。肩部横贴四个对称环形系。肩部饰二道弦纹和一周斜方格网纹。灰胎，胎质致密，施青釉，釉不及底，釉层不均匀，有流釉现象。底部无釉呈砖红色。

西晋越窑青釉瓷猪圈

1987年富春江镇中学西晋元康六年（296）墓出土

圈口径10.0厘米，底径7.5厘米，高4.5厘米

猪身长6.9厘米，宽2.9厘米，高2.5厘米

明器。平口，筒形浅腹，平底。外壁上部饰一道凸弦纹，内底立一猪。猪身形较长，四足着地，长嘴，竖两耳，脊背突起，甩尾。内外施青釉，外壁施釉不及底，外底无釉呈火焰红色。釉层薄，胎釉结合不紧密，剥釉现象严重，基本脱落。剥釉处露胎呈灰色。

西晋越窑青釉四系瓷水盂

1987年富春江镇中学西晋元康六年（296）墓出土

口径5.0厘米，腹径9.6厘米，底径4.8厘米，高3.9厘米

扁圆形，敛口，弧肩鼓腹，平底。肩部对称堆贴四横系。肩腹部戳印斜排篦点纹。施青釉，釉层均匀，釉色清醇滋润。底部露胎呈灰色。胎质致密，制作规整。

西晋越窑青釉瓷灶

1987年富春江镇中学西晋元康六年（296）墓出土

长14.4厘米，灶尾部宽10.6厘米，高9.0厘米

明器。整体呈船形，灶面呈锐三角形，尾端平直，中间开有方形火门，另一端船头向上微翘，上开有椭圆形出烟孔。灶面上开有两个灶眼，置一釜一甗，与灶身连为一体。釜为矮直口、鼓腹、平底；甗为敞口、斜长颈、鼓腹、平底。施青釉，釉不及底，釉面大面积磨损，底部露胎呈红棕色。

西晋越窑青釉瓷钵

1987年富春江镇中学西晋元康六年（296）墓出土

口径18.0厘米，底径12.3厘米，高8.5厘米

内敛口，圆唇，弧腹下收，平底。口沿至腹中部外壁饰一道凸弦纹、两周联珠花蕊纹和一周斜方格网纹，纹带间刻划弦纹为界。胎质致密，内外施釉，釉面呈青黄色，釉色光洁。外底无釉，留有五个支烧痕。

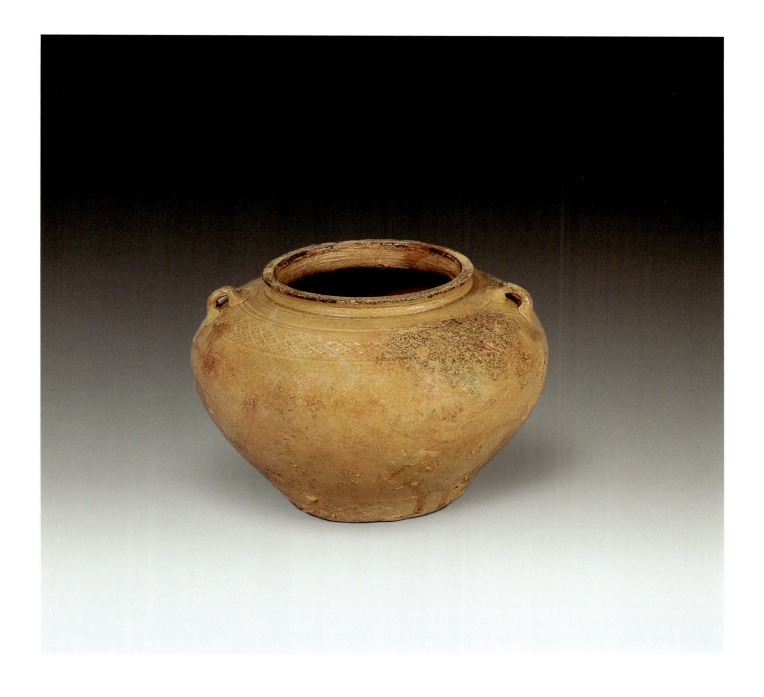

西晋越窑青黄釉双系瓷罐

1987年凤川乡（今属凤川街道）朴仁堂村晋墓出土

口径9.2厘米，腹径15.8厘米，底径7.6厘米，高11.2厘米

直口平唇，矮颈，溜肩，深鼓腹下收，平底微内凹。肩部对称竖贴一对环形系，肩部饰弦纹和菱格纹。施青黄釉，釉不及底，有垂釉现象，釉色光洁，釉层局部剥落。

西晋越窑青黄釉镂空双系瓷香薰

1987年凤川乡（今属凤川街道）朴仁堂村晋墓出土

口径11.2厘米，腹径17.4厘米，底径10.1厘米，高10.5厘米

直口，圆唇，溜肩，鼓腹下收，假圈足。肩部两侧对称横贴一对环形系，并镂空饰一周16个小圆孔。肩、腹部饰弦纹。施青黄釉，釉层大面积磨损和剥落，底部露胎呈砖红色。

西晋越窑青釉堆塑瓷罐

1987年凤川乡（今属凤川街道）朴仁堂村晋墓出土

腹径25.4厘米，底径13.9厘米，通高43.2厘米

　　该器物分上、下两部分。上部为堆塑二层楼阁和人物，庑殿式屋顶，四方楼阁，四壁开门。四角设庑殿望楼，两壁开窗。下层一周设两殿两阙，四角设望楼，前后设重檐殿，左右各置一阙，阙两侧各塑有一胡俑，姿态各异。下部为罐体，深鼓腹，腹下部渐收，平底。腹部贴塑麒麟、鱼、铺首衔环等纹饰。浅灰色胎，胎质致密，外施青釉，釉色偏黄。釉层均匀，釉色光亮。底部露胎处呈砖红色。

西晋越窑青釉三足瓷洗

1979年旧县公社（今属旧县街道）濮村公路修建工地采集

口径21.3厘米，底径10.8厘米，高8.8厘米

敛口宽沿，深弧腹内收，假圈足，下承以三兽足。器腹外壁模印一周斜方格网纹，上下戳印联珠圈纹，斜方格网纹带上均匀模印塑贴三只铺首衔环。洗沿刻划条形羽状纹饰。洗内底刻划太阳纹、水波纹和羽毛纹。器内外施青黄色釉，釉不及底。内底留有六个支烧痕。

西晋青釉瓷狗圈

2014年征集

口径10.6厘米，底径5.8厘米，通高4.5厘米，圈高3.3厘米

明器。平口沿，浅直腹下收，平底。腹外壁饰三道弦纹。圈内底堆塑一狗。狗四肢伏地，昂首，张嘴，吐舌，圆眼，翘尾。灰胎，胎质致坚。施青釉，釉不及底，釉层光亮，部分釉面有磨损和剥落现象。

东晋青黄釉直腹瓷碗

1979年旧县公社（今属旧县街道）庙山岭修建公路工地出土，许马尔上缴

口径9.5厘米，底径4.5厘米，高3.5厘米

直口，圆唇，直腹，下腹向内收，平底。内底心饰一周凸弦纹。胎质致密，胎体较厚，釉呈青黄色，釉不及底，釉色光洁润泽，釉层局部剥落。下腹部及底部露胎呈灰褐色。

东晋越窑青釉双耳杯瓷托盘

旧藏

口径13.5厘米，底径7.8厘米，高2.9厘米

盘呈圆形，敞口，浅腹，平底。托盘内底心下凹，内底堆贴一对双耳杯。双耳杯呈元宝状，椭圆形口，斜弧腹，口沿处饰一对半圆形耳。胎质致密，施青釉，釉色润泽，釉面局部磨损，釉不及底，底部露胎呈红褐色。

东晋越窑青釉四系盘口瓷壶

2008年征集

口径10.8厘米，腹径17.5厘米，底径11.1厘米，高19.8厘米

盘口，束颈，溜肩，折腹，平底内凹。肩部横贴四个对称环形系。肩至腹上部饰数周弦纹。胎体厚重，施青釉，釉面有流釉现象，局部釉层有磨损剥落。外底无釉呈砖红色。

东晋越窑青釉四系瓷罐

2009年征集

口径9.8厘米，腹径14.8厘米，底径7.8厘米，高12.2厘米

直口，圆唇，溜肩，鼓腹下收，平底。肩部横贴四个对称环形系。其间饰二道弦纹。胎色灰白，胎质致密，施青釉，呈青黄色，釉不及底，釉面光亮。

东晋越窑青釉褐彩羊形瓷器

2010年征集

通长13.3厘米，通宽9.1厘米，高14.5厘米

整器呈羊形。四肢跪坐，竖角张耳，束腰，后端平圆，尾短贴附，双目平视前方，嘴角微抿，颌下留须，体型浑圆丰满。羊角、背脊饰散射状刻纹。头顶正中开一圆洞。灰胎，胎质坚硬。施青釉，釉层开片，釉下点褐彩，釉色润泽。露胎处呈灰红色。造型生动，形态稳重。

南朝黑釉辟雍瓷砚

1978年横村公社宅里大队（今横村镇宅里村）村民许春弘采集上缴

口径10.4厘米，底径11.5厘米，残高2.5厘米

呈圆盘形，微侈口，圆唇，直壁，平底。底下一周饰有19个蹄形足，足均有残缺。砚心面突起而不施釉，用于研墨。四周下凹，为环形砚池，便于盛水蘸墨。浅灰色胎，施黑釉，釉层厚薄不匀。

辟雍，本为西周天子设立的大学，以四周有水，形如璧环而得名。东汉以后，历代皆有辟雍，成为古代天子"行礼乐，宣教化"的场所。南北朝时期将这种圆形多足和圈足的陶瓷砚称为"辟雍砚"。

南朝青釉龙柄瓷鸡首壶

2004年桐君街道（今城南街道）高荷村官塘口杭萧钢构厂建设工地出土

口径13.2厘米，腹径26.6厘米，底径20.5厘米，通高47.5厘米

盘口，细长颈，丰肩，深腹，平底内凹。腹上部外鼓。肩部一侧饰鸡首作壶流，鸡首高昂、粗颈、圆眼，一侧饰一圆柱形龙首执柄，自肩部伸长颈而出，龙嘴咬住盘口，呈俯首汲水状，执柄龙头上堆塑有一条小龙，生动有趣。龙柄高于壶口，使壶体更显修长、挺拔。另两侧各饰一桥形系。施青黄釉，釉色莹润，釉层局部有剥落。器形古朴稳重，工艺规整。

此件鸡首壶时代特征显著，为南朝制品中的佳品，鸡首与龙柄刻画细腻，釉色均匀，器形尤为高大，为同类器物中罕见，体现了南朝时期青瓷烧造的工艺水平。

隋青釉双复系盘口瓷壶

2006年富春江镇上泗村大湾里出土

口径14.2厘米，腹径15.6厘米，底径10.0厘米，高32.0厘米

盘口外撇，长颈，溜肩，深弧腹，平底。肩部两侧对称贴附一对条状双复系。胎质致密，施青釉，釉色光洁，腹中部至底部不施釉，底部露胎处呈红褐色。

唐青釉蟠龙瓷罂

2007年征集

口径12.8厘米，腹径22.6厘米，底径10.4厘米，高30.0厘米

盘口，长颈，溜肩，平底。颈至肩部对称堆贴两个条状环形錾。颈至肩部贴塑一条蟠龙，长嘴露齿，龙首下颌搁在一錾上，龙身绕肩部，后爪贴附在另一錾之下。施青釉，釉不及底，釉层不均匀，釉面光亮。腹下部及底部露胎处呈砖红色。

唐越窑青釉瓷碗

1997年印渚镇（今属分水镇）西华村征集

口径20.0厘米，底径9.0厘米，高6.3厘米

敞口，斜腹下收，矮圈足。灰胎，胎体较厚重。釉色呈青褐色，内底保留有一圈密集的泥点痕。

唐青釉刻划花瓷罐

2009年征集

口径16.1厘米，腹径24.7厘米，底径12.6厘米，高24.2厘米

直口，平唇，溜肩，鼓腹，平底。肩部等距堆贴三个小突钮。肩至腹上部刻划两组水波纹、弦纹。施青釉，釉不及底，露胎处呈红褐色。

唐越窑青釉玉璧底瓷碗

2014年征集

口径14.8厘米，底径5.5厘米，高4.6厘米

敞口，圆唇，浅斜腹，玉璧形底。施青釉，釉层均匀。外底部留有7个支烧痕。

唐越窑青釉花口瓷盘

2014年征集

口径16.5厘米，底径6.7厘米，高3.8厘米

敞口，浅斜腹，平底。口沿为十出花瓣口，与口沿五个凹口相对应的腹部压五条凹线。胎体匀薄，胎质致密细腻。通体施青黄色釉，釉层均匀，釉面光洁。外底部外圈留有8个泥点支烧痕。

唐青釉瓷盏托

2014年征集

杯口径9.5厘米，杯底径4.8厘米，杯高4.8厘米，托口径13.6厘米，托底径6.8厘米，托高4.0厘米

整套器皿由杯和托两部分组成。杯直口，圆唇，弧腹内收，圈足外撇。杯托为敞口，浅斜腹，下部折弧腹，圈足。杯托中心斜向内凹渐成平底座，用以承杯，座外置一圈凹槽。杯托口沿饰两道弦纹。灰胎，胎质致密细腻。通体施青釉，釉层均匀且薄。

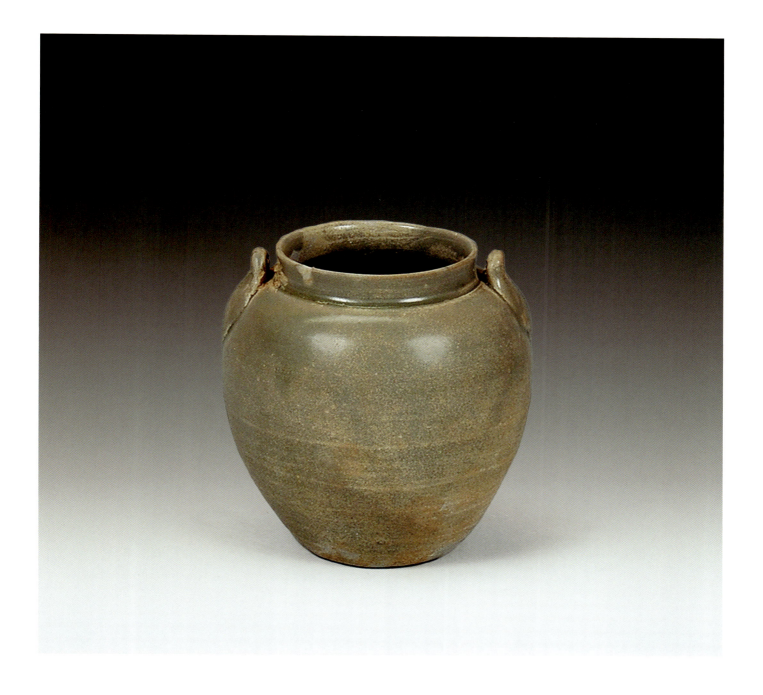

唐越窑青釉双系瓷罐

桐庐镇圆通路县人民政府宿舍建设工地（今桐庐县实验幼儿园教育集团圆通园区）出土

口径7.1厘米，腹径9.3厘米，底径4.7厘米，高14.3厘米

直口，圆唇，溜肩，深鼓腹下收，平底。肩部堆贴两个对称单泥条环形系。灰胎，胎质致密细腻。施青釉，釉色润泽，釉层均匀，釉面局部磨损，底部露胎呈灰色。

五代青釉瓷钵

2012年征集

口径23.4厘米，腹径24.4厘米，底径9.0厘米，高13.5厘米

微敛口，圆唇，弧腹斜收，平底。腹中部饰两道弦纹。胎质致密，施青釉，釉色较深，釉面光亮。底部露胎呈土黄色。内底部留有支烧痕。

北宋龙泉窑青釉刻花瓷碗

2005年5月分水镇砖山村宋墓出土

口径19.0厘米，足径6.1厘米，高8.0厘米。

敞口，直沿圆唇，深弧腹，小圈足。胎呈浅灰白，胎质致密细腻。施青釉，透明度较高。外壁刻斜直线条的折扇纹，内壁底刻弧线团纹，内壁腹部饰花卉纹和篦点纹。圈足底不施釉。

北宋青白釉葵口高足瓷碗

1990年7月分水镇初级中学建设工地出土

口径13.2厘米，足径5.3厘米，高8.8厘米

侈口，葵形，深弧腹，高圈足向外微撇。口沿六出葵口，沿口曲腹外壁内凹呈竖棱纹。胎白且薄，胎质洁白细腻，施青白釉，釉色青中显白，釉层均匀，透光莹润，釉面开片，呈细冰裂纹。造型端庄，制作规整，挺拔秀丽。

北宋青白釉刻划花花口瓷碗

2006年6月江南镇青源村出土

口径18.1厘米，足径6.2厘米，高6.2厘米

敞口，五瓣花口，口沿微向外卷，腹壁弧斜下收，圈足。内壁一周刻划线条流畅简洁的花卉纹。白胎，施青白釉，釉层均匀，釉色显白，圈足露胎。外底与圈足交接处有流釉现象，未见修胎痕迹。

北宋青白釉瓷粉盒

1990年7月分水镇初级中学建设工地出土

盒子口口径5.2厘米，盖母口口径6.1厘米，足径3.5厘米，高3.4厘米

盒子口敛口，直腹下折内收，宽矮圈足。伞形盖，盖母口直壁斜上收，中心盖顶平。素纹。白胎，胎质细腻。施青白釉，釉不及底，釉面匀净莹润。子母口开盒处口沿、底部与圈足露胎呈米白色。

北宋青釉瓷盖罐

1990年7月分水镇初级中学建设工地出土

口径8.5厘米，腹径10.6厘米，底径6.4厘米，高13.7厘米

敛口，斜平唇，溜肩，深弧腹呈瓜棱形，矮圈足。盖面呈圆弧形，中间安一塔形圆钮。腹壁饰两条竖棱纹将罐身开光为五等分。灰胎，胎质较致密，施青釉，釉不及底，釉层较薄。罐身底部与圈足露胎呈砖红色，圈足底留有5个支烧痕。

宋青白釉莲花纹八方瓷粉盒

1986年8月横村镇九岭村（今属东南村）大塘头自然村采集

盒子口口径5.9厘米，盖母口口径7.0厘米，底径5.0厘米，高4.8厘米

整器呈八边形。盖直壁母口，盖面印"一把莲"纹饰，由盛开的莲花、翻卷的荷叶、落花的莲实、欲放的花苞组成，用锦带系在一起。盒子口，直腹斜下收，平底。盖与盒的外腹壁饰一周折扇纹。粉盒里外施青白釉，釉层均匀，釉色莹润，釉面开片，呈细冰裂纹。子母口开盒处口沿与盒外壁折腹下收处至外底不施釉，露胎。造型精巧别致。

宋青白釉荷花纹堆塑瓷盒

1985年4月桐庐镇（今桐君街道）桐建公司建设工地采集

盒子口口径9.1厘米，盖母口口径10.0厘米，底径8.7厘米，高5.2厘米

整器呈花瓣形，分盖、盒两部分。盒子口直口，浅弧腹，平底。盖母口直口，弧腹斜上收，盖平顶微隆。盒内堆塑一株荷花，中心为一片翻卷的荷叶和莲实，向外均匀伸出粗壮的三根莲茎，莲茎间置三个菱口弧腹小圆盘。盖面满饰缠枝花卉纹。内外壁施青白釉，釉薄，通体遍布开裂纹，子母口开盒处口沿与盒外壁下腹至底部露胎呈土黄色。

宋白釉莲瓣纹花口瓷盆

2005年5月分水镇砖山村宋墓出土

口外径11.7厘米，腹径13.5厘米，足径7.35厘米，高14.3厘米

侈口，花瓣式口沿，束颈，溜肩，圆鼓腹，高圈足外撇。口部作十一瓣花式，肩部饰一道弦纹，腹部满饰莲瓣纹，莲瓣形似菱形，由下而上渐大而疏。白胎，胎质细腻致密，胎体较轻盈。施白釉，釉层较薄，釉色呈米黄色。圈足内底露胎处呈土黄色。

宋褐釉堆塑瓷罐

1990年7月分水镇初级中学建设工地出土

盘口径10.4厘米，底径12.1厘米，通高32.5厘米

盘口，束颈，溜肩，鼓腹下收，平底。施褐釉，釉不及底，釉层不均匀，釉面局部磨损，下腹部与底部露胎呈黄褐色。颈上部对称贴附两耳，现缺一耳。颈、肩及腹部堆塑一组祭祀场景，环绕一条矫健雄奇的盘龙，龙头紧贴颈部，满身刻划鳞片，龙尾延伸至下腹部，龙腿舒展，龙爪趾清晰分明。其间捏塑堆贴十余个神态各异的人物俑。龙头处堆塑的三个人物俑面前摆放有五盘食物供品，有猪头、鱼、水果等，生动逼真。

堆塑罐（瓶）是古代陪葬用的明器之一。它源自东汉中期浙江会稽地区出现的五联罐或五管瓶，自东汉晚期直到西晋时期，青瓷堆塑罐成为重要的明器，盛行于时，直至宋元时期浙闽赣地区大量烧制。与桐庐县博物馆所藏的这件堆塑罐造型、装饰较相近的主要是金衢地区出土的宋代褐釉堆塑瓶，堆塑装饰多组丧葬出殡场景。

宋绞釉瓷罐

2004年5月富春江镇象山桥村南宋墓出土

口径7.0厘米，腹径9.9厘米，足径5.4厘米，高9.0厘米

直口，圆唇，丰肩，深弧腹，圈足。胎色黄褐，胎质细腻，胎上遍施白色化妆土。釉色褐白相间，釉不及底，形成绞釉瓷的外观效果，纹饰有行云流水之感。

这件绞釉瓷罐与河南焦作电厂金大定二十九年（1189）墓出土的绞釉化妆土罐类同，属今河南地区磁州窑类型制品。绞釉制品大多流行在金元时期。（浙江省文物考古研究所《浙江宋墓》）

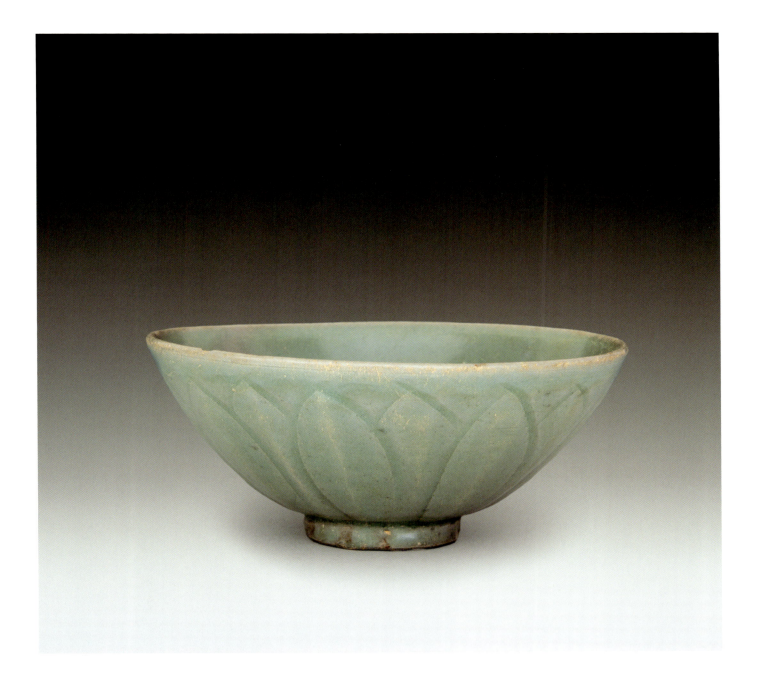

南宋龙泉窑青釉莲瓣纹瓷碗

2011年12月分水镇三槐村西华自然村出土

口径15.9厘米，足径5.6厘米，高6.8厘米

敞口，直沿圆唇，深弧腹，圈足。胎色青灰，施青绿釉，釉层较厚且均匀，釉色莹润类玉。内壁光素无纹饰，外壁刻宽硕莲瓣纹。圈足外底露胎。器形古朴典雅，端庄大气。

南宋龙泉窑青釉莲瓣纹瓷盘

1987年桐庐中学孟洪桥捐赠

口径15.6厘米，足径5.8厘米，高3.8厘米

敞口，浅斜腹下收，圈足。外壁胎刻中脊凸起的莲瓣纹。胎壁较厚，胎质致密。施青釉，釉色莹润。圈足的足端与足底有刮釉痕迹。

南宋青釉刻花花口瓷碗

2005年8月分水镇东溪村前湾自然村樟树坞工业园区建设工地古墓葬出土

口径13.3厘米，足径5.1厘米，高6.3厘米

敞口，花瓣式口沿，圆唇，深腹，圈足。口沿刻六曲，平面呈荷花状。碗内壁由前期的刻划莲花纹，演变为更加疏朗的"S"纹样。施青釉，釉层薄而均匀，釉色光洁，圈足内露胎呈砖红色。

南宋灰陶文吏俑

2004年5月富春江镇象山桥村南宋墓出土

最宽处7.8厘米，厚4.8厘米，高26.0厘米

陶俑头戴进贤冠，双目前视，鼻子高挺，嘴巴微抿，留长须，身穿宽袖长袍，作朝服装束，双手执笏于胸前。泥质灰陶。

南宋灰陶文吏俑

2004年5月富春江镇象山桥村南宋墓出土

最宽处7.7厘米，厚4.9厘米，高24.4厘米

陶俑头戴进贤冠，双目前视，鼻子高挺，嘴巴微抿，留长须，身穿宽袖长袍，作朝服装束，双手执笏于胸前。泥质灰陶。

南宋灰陶十二时辰"亥"俑

2004年5月富春江镇象山桥村南宋墓出土

最宽处9.5厘米，厚5.4厘米，高28.5厘米

系十二时辰"亥"俑，戴官帽。额头上帽檐中间阴刻一"亥"字，浓眉大眼，鼻子扁平，嘴巴微抿，长须飘飘，身穿宽袖长袍，双手执笏于胸前。泥质灰陶。青灰色。出土时嘴、脸至后颈部和肩部断裂，有粘接修补。

南宋灰陶人首蛇身俑

2004年5月富春江镇象山桥村南宋墓出土

长29.2厘米，宽7.2厘米，厚4.0厘米

泥质灰陶，青灰色。两人首共一蛇身。同一个身体两端各有一个人首，一个为仰卧，另一个向右侧卧。面容相似，睁眼，张嘴，鼻子高挺，神态安详。身体饰有数道凹斜线纹，作捆绑状。此件陶俑出土于墓葬左室正中的地龛内，维持着入葬时的原状。另外在中室还发现了一件蛇身俑残存的人首，但无法判断是否为双人首蛇身俑。考古学家徐苹芳认为人首蛇身俑或即《大汉原陵秘葬经》所记的自天子以至庶人墓中的"墓龙"。

南宋灰陶蟾蜍俑

2004年5月富春江镇象山桥村南宋墓出土

长8.5厘米，宽5.9厘米，高4.7厘米

身体肥壮，头部上仰，眼珠突出，鼻子、额头塑造形象。前肢着地，强劲有力。后肢简化。圆臀。泥质灰陶。

南宋灰陶鱼俑

2004年5月富春江镇象山桥村南宋墓出土

长12.7厘米，厚2.8厘米，高6.1厘米

圆眼，嘴微张，头两侧、鱼背、鱼肚饰鱼鳍，鱼尾上翘。鱼身饰斜网格纹成鱼鳞。造型形象生动。泥质灰陶。

南宋牡丹纹花板砖

2004年5月富春江镇象山桥村南宋墓出土

长28.0厘米，宽14.0厘米，厚4.5厘米

砖呈长方形。纹饰模制，深浮雕。砖面中间为一朵盛开的牡丹花，两边衬以花叶，茎叶茁壮，叶脉清晰。

南宋缠枝牡丹纹花板砖

2004年5月富春江镇象山桥村南宋墓出土

长30.0厘米，宽13.4厘米，厚5.4厘米

砖呈长方形。纹饰模制，深浮雕。砖面上饰缠枝花卉纹，花朵怒放，枝叶繁茂。

南宋鹿衔仙草纹花板砖

2004年5月富春江镇象山桥村南宋墓出土

长28.5厘米，宽13.0厘米，厚4.5厘米

砖呈长方形。图案为模制，深浮雕。砖面左侧饰一株仙草，中间为一朵盛开的花，两边衬以叶片。右侧站立一只鹿，四肢健强，尾巴上翘，头朝向仙草。图案雕刻精美，生动形象。

南宋缠枝花卉纹花板砖

2004年5月富春江镇象山桥村南宋墓出土

长30.2厘米，宽13.5厘米，厚4.5厘米。

砖呈长方形。图案为模制，深浮雕。砖面左侧饰一朵变形的六瓣菊花，右侧饰一朵盛开的菊花，中间为三片菊花叶，叶脉清晰，枝茎粗壮。图案雕刻精美。

元白釉折腹瓷盘

1989年12月分水中学南面塔山墓地出土

口径11.6厘米，足径3.5厘米，高2.5厘米

微撇口，浅弧腹，折腹，圈足。白胎，胎质洁白细腻。通体施白釉，釉面莹润。圈足端无釉，圈足外底留有支烧痕。

元龙泉窑青釉瓷罐

1987年4月严陵乡（今属富春江镇）蒋家埠村出土

口径4.8厘米，腹径8.2厘米，足径4.9厘米，通高6.8厘米

直口，短颈，丰肩，上鼓腹，下腹渐收，圈足。肩部饰一道凸弦纹。胎色灰白，胎质坚硬。施青釉，釉层莹润光亮，釉面满布冰裂纹。口沿与圈足足端露胎呈砖红色。

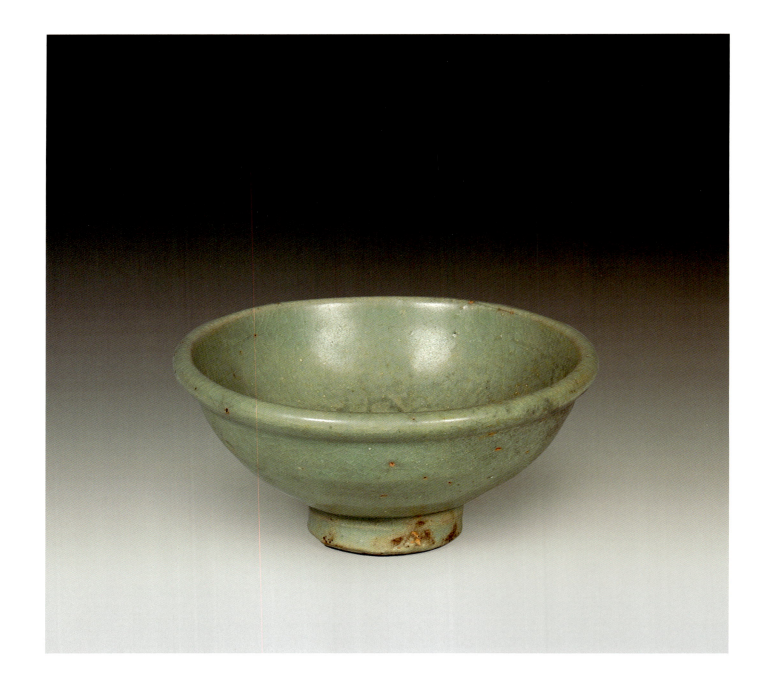

元龙泉窑青釉印花瓷碗

1989年12月分水中学南面塔山墓地出土

口径15.7厘米，足径5.5厘米，通高7.3厘米

侈口，厚圆唇外卷，弧腹渐下收，高圈足。腹内壁模印花卉纹。胎色灰白，胎质致密坚硬，胎体厚重。施淡青釉，釉层厚而均匀，釉色润泽，通体冰裂纹。碗心与圈足内露胎呈红褐色。

元龙泉窑青釉刻划花瓷碗

2005年8月分水镇东溪村前湾自然村樟树坞工业园区工地墓葬出土

口径15.9厘米，足径6.3厘米，高6.8厘米

侈口，圆唇，深弧腹，圈足。碗内底饰一周凹弦纹，内腹壁刻划一周云气纹，外腹壁饰数道弦纹。灰胎，胎体厚重。施豆青釉，釉层均匀，釉色清淳滋润，足端刮釉，足内无釉。

明青花麒麟芭蕉纹瓷碗（四只）

1989年12月分水中学南面塔山墓地出土

口径12.5厘米，足径4.8—5.0厘米，通高7.3—7.5厘米

敞口，深弧腹下收，圈足。白地青花，青色浓淡相宜。碗里口沿绘青花单线。碗心绘青花双圈，内绘一朵五瓣花卉纹。外口沿与足墙绘青花双线。外腹部绘两条麒麟纹和两株芭蕉纹。圈足底部露胎呈米黄色。

明德化窑白釉堆贴龙虎纹瓷杯

2014年征集

口部最长径15.0厘米，口部最短径10.8厘米，底部最长径5.2厘米，底部最短径4.4厘米，通高8.6厘米

侈口，椭圆形花口，圈足。杯身上部椭圆形，下部筒形，腹壁斜收。杯壁上两端堆贴悬岩，岩间贴饰松梅纹，间饰飞鹤纹、龙纹，飞鹤展翅俯身向下，龙身穿岩而过。杯壁下部对应龙首的左下角贴饰一只虎，望向龙首。杯壁下部另一侧对应松梅的中间贴饰一只梅花鹿。鹿与虎纹之间贴饰山石纹。整器采用浮雕堆塑手法，呈现出"鹤鹿同春""龙虎相斗"的生动画面。胎质细白坚致，通体施白釉，釉水莹润纯洁。足底露胎。

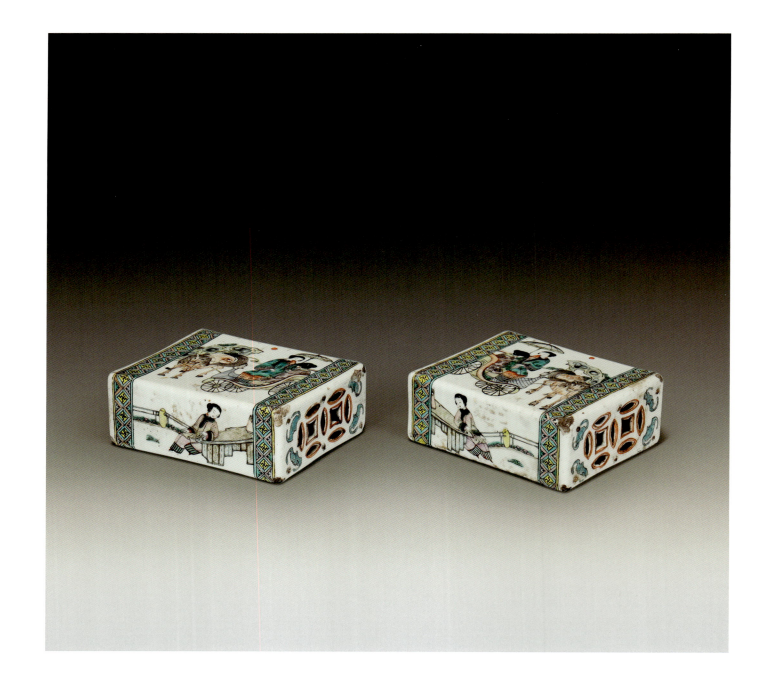

清粉彩仕女图瓷枕（一对）

1984年征集

长14.4厘米，宽12.0厘米，高5.7厘米

枕呈长方形，圆角，枕面微凹。枕面大、小幅均绘仕女图，边饰菱格纹，画工精美。两侧边镂空双钱孔纹，边饰有四只蝙蝠纹，寓意"福在眼前"。白胎，胎质坚硬。白地粉彩，釉层均匀，色泽艳丽。其中一侧边对称分布有6个圆形支烧痕。

清嘉庆景德镇窑粉彩福寿花卉纹花口瓷盘

1986年分水镇县西村出土

口径27.1厘米，足径16.0厘米，高4.2厘米

敞口，花瓣口沿，浅弧腹，大圈足。口沿饰金边，盘心绘一株花果纹，饰有三个寿桃和三只蝙蝠。内壁满绘四组对称寿字花卉纹，分别为荷花纹、双钱纹、蝙蝠纹等吉祥纹饰。外腹绘五只红彩蝙蝠纹。胎白质坚，白地粉彩，釉层均匀，色泽鲜艳，圈足足端刮釉。圈足内书"大清嘉庆年制"六字三行青花篆书方款。足内凿刻一"在"楷书字。

清末民初胭脂红地轧道粉彩开光花鸟铺首瓷尊

1989年9月分水文化馆移交

口径13.7厘米，腹径24.2厘米，足径13.8厘米，高36.3厘米

撇口，束颈，丰肩，弧腹下收，高圈足微外撇。口沿描金，颈部周身绘折枝牡丹纹、荷花纹、兰花纹、菊花纹。肩部饰一道凸弦纹，贴附两个对称的衔环铺首纹。腹部中央用金边勾出两个不规则八角形白釉开光，开光外施胭脂红为地，细雕凤尾纹，其上绘粉彩折枝牡丹纹、荷花纹、菊花纹、兰花纹。开光内绘花鸟图，一面为粉彩菊花纹，枝叶青翠，花朵怒放，一鸟休憩在树枝之上。另一开光内绘粉彩牡丹纹，有的绚丽多姿，有的含苞待放，其上两只鸟俯身展翅飞翔，鸟首相望。下腹与圈足间饰一道凸弦纹。圈足内施白釉，足底无釉，内书青花"大清乾隆年制"六字二行篆书款。

第四辑

金属器

战国青铜剑

2007年12月征集

通长52.4厘米，通宽4.2厘米

剑作宽从厚格式，中起脊，剑脊挺直，弧形双刃近锋处收狭。倒凹字形剑格。圆茎上有两道凸箍。圆盘形剑首。

汉错金银铜弩机

2003年瑶琳镇大排山村出土

长12.5厘米，宽3.7厘米，通高17.6厘米

由机身"郭"、钩牙、望山、悬刀组成。望山呈瘦长梯形，上有错银刻度线。郭前端较窄，面上刻有箭槽，郭面与牙面上有错金菱形回纹。郭身上有两键穿通。键一端有帽，另一端有一横穿孔。悬刀未端有一穿孔。

唐海兽葡萄纹铜镜

1997年7月凤川镇旺家弄村出土

直径10.4厘米，缘高1.2厘米

圆形，厚重，黑漆古，伏兽钮。镜背纹饰分为内外二区，以高浮雕葡萄纹为主题纹饰。内区饰葡萄纹，间饰四只姿态各异的海兽。外区饰一周较密集的葡萄纹，间饰鸟雀、蜂蝶纹。外围饰一周祥云纹。高窄缘。

北宋雍熙三年（986）"分水县尉朱记"铜印

分水文化馆拨交

印边长5.3厘米，印高1.5厘米，钮宽3.0厘米，钮厚1.1厘米，钮高2.8厘米

扁平钮，折角。钮为短矩形把手，上阴刻一"上"字，作为操作方向的标识。朱文方印，印文"分水县尉朱记"六字九叠篆书，背面阴刻七字楷书铭文"雍熙三年四月铸"。

宋仿汉博局纹镜

旧藏

直径17.6厘米，缘高0.7厘米

圆形，半球形钮。钮座外圈为九乳钉与双线圆圈，九乳钉间饰变体兽纹。双线圆圈外圈上对称饰4个"T"形纹，与之对应的镜内缘上饰"L"形纹。"L"形纹之间镜内缘上对称饰4个"V"形纹。这些组合纹样称为"博局纹"。该镜在博局纹之间还饰有八乳钉、鹿角兽、双蛇、白虎、青龙、双首鸟、怪角兽等纹饰，其间饰云纹。镜右边乳钉之间阳刻一"□□□州百造"六字三行楷书方印。镜内缘边区饰双线圆圈，圆圈内铭一周篆书文字，外置栉齿纹。镜外缘由内至外饰一周锯齿纹、凸弦纹、禽兽纹圈带，禽兽纹圈带内饰青龙等瑞兽，间饰卷云纹。宽平素缘。此镜系宋仿汉代博局纹镜，构图繁缛复杂，线条细腻紧密。每组纹饰形态各异、极富动感，尤其是动物的体态活泼逼真、刻画入微。

宋金牌

2005年5月分水镇砖山村宋墓出土

长1.8厘米，宽0.8厘米，厚0.2厘米，重4.0克

金色，呈长方形。宋牌居中斜印铭文"姜宅记"。两端无印，其背光素。据考古资料和专家考证，宋代金牌始于北宋，盛于南宋，宋末不再使用，具有赏赐、保值贮藏、商业支付和纳税等功用。钤印的铭文内容有黄金成色、地名或区域、商铺号、工匠姓名等。

宋铭文钟形铜镜

1980年12月合村公社收购站征集

通长14.0厘米，肩宽8.0厘米，下宽10.5厘米，缘高0.6厘米

钟形，圆弧顶中部穿一圆孔，弧肩。下渐扩，底部连弧形。镜背上部阳刻十六字四行篆书铭文，下部饰飞鸟纹样。素斜缘。素缘与纹饰铭文之间绕一周素地。

南宋淳祐五年（1245）青铜锣

1975年4月保安公社陈家大队（今分水镇小源村陈家）出土

锣面直径46.5厘米，锣边宽8.3厘米，厚1.0厘米

青铜质，布满铜锈斑。圆盘形，锣面扁平，中心微向外凸。锣边有两个直径为0.7厘米的圆形钻孔，用于穿系锣绳，两孔间距6.8厘米。锣边与锣面间有两条裂缝和缺口。锣边沿刻有一行点状笔画的楷书铭文"据长安乡父宿朱□□□置□□铜锣一面祈求公用之镌凿淳祐五年六月日官办"，铭文字径大小不一。整器铸造成型，风格古朴。

南宋银脚金凤钗（一对）

20世纪80年代罗山乡（今属百江镇）乐明村张兆凤夫妻合葬墓出土

长12.1厘米，通高4.1厘米

银折股钗上站着用黄金制作的凤凰，凤嘴里衔着金花结，双腿直立，胸脯微向前突出，双翅张开，镂空雕长尾羽。在常见的缠丝钗中套入精心打制的金凤凰，凤嘴里衔着绣球花结，足见制作者设计之巧思。

该金钗以一枚金片打制凤凰的尾羽和双翼，然后用另外两枚金片分别打制扣合成凤首焊接在双翼上方，以一枚金片打制成腹部焊接在下方，随后焊接凤足，并与金箍相连，最后将金箍套在一支银鎏金缠丝钗的钗梁上并将其固定。

元铜权

1980年12月合村公社收购站移交

底长边4.5厘米，底短边2.6厘米，通高10.2厘米，重412.0克

铜权为六面梯形状。倒梯形方钮，顶边弧凹，圆形钮孔，用以穿系绳悬挂。六面形阶梯状底座，呈束腰形。权身铸有"天四""造"楷书阳文铭。铭文"造"前三字疑为后期去除，刻有阴文"来又米"文字符号替代。

元铜权

1998年9月分水镇西关村征集

顶宽3.0厘米，腹宽4.4厘米，底宽4.35厘米，厚3.05厘米，通高9.1厘米，重326.0克

铜权为六面梯形状。倒梯形方钮，圆形钮孔，用以穿系绳悬挂。权身上宽下窄，肩以下向内斜收。六面形四级台阶状底座，呈束腰形。权身正面铸有阳文"年造"等字，侧面有"天"等阴刻文字；背面正中铸有阳文，两侧面为阴刻文字，字迹模糊不可辨。

元大德四年（1300）铜权（上左）

1983年9月百岁中心学校出土

顶宽2.5厘米，腹径4.2厘米，底径4.0厘米，通高9.0厘米，重408.5克

倒梯形钮，中有一圆形钮孔，圆球体腹，略呈鼓腹束腰形，腹下为圆台阶底座。权身铸有"大德四年"两行楷书阳文铭。

明人物故事纹银手镯（一对）

1970年2月合村公社后柏大队（今合村乡后溪村后柏与何村一带）出土

宽2.6厘米，直径6.8厘米，厚0.2厘米

一副两件。因受沁发黑。呈圆筒形，手镯开口，可以展开成一长条状。镯面錾刻三幅人物故事图，雕刻精细。每幅图案以回纹相间隔。内壁阳文竖刻"一元"二字楷书款。

明 "方舟" 铭文铜镜

1979年12月瑶琳洞采集

直径10.2厘米，缘高0.7厘米

圆形，半圆钮残缺。镜背以弦纹将铭文和纹饰分为内外两区。内区阳刻楷书铭文，上下为"方舟"两大字，两侧分别为"寿积广成子，爵比郭令公"。外区饰锯齿纹和曲线纹各一周。斜素缘。

清兽面纹青铜壶

20世纪70年代城隍庙旧址出土

口径10.4厘米，腹径17.0厘米，底径12.0厘米，高20.6厘米

子母口，原应有盖，已佚。束颈，圆弧腹，圈足外撇。肩部饰一对环形小耳和两组龙纹，隔扉棱对称。腹部四扉棱，间饰两组变形的兽面纹。圈足外底铸有10字铭文"乍（作）囗光子子孙孙永宝用"。

清青铜簋

20世纪70年代城隍庙旧址出土

口径17.4厘米，底径13.3厘米，通高15.2厘米

微敛口，宽平折沿，弧腹，圈足。整器由三部分焊铸而成。口沿下立两耳，缺失一耳，耳上饰有回纹。腹部中间以一道弦纹为界栏，上部三扉棱，间饰变形的夔龙戏珠纹。下部饰一周三角形蝉纹。圈足外底部饰菱格纹。

清同治十二年（1873）青铜象尊

20世纪70年代城隍庙旧址出土

长35.5厘米，宽12.4厘米，通高25.5厘米

黄铜质。整器象形，呈站立状，头部套有缰绳。双目突出，长鼻卷起。象背置有鞍鞯，中开一椭圆形洞口。尾下垂，象腿粗壮有力，五趾分明。鞍鞯四周饰回纹、斜弧线纹，象尊腹部的缰绳上挂有葫芦等饰物。该器造型端正，但略显呆板。象尊颈下阴刻楷书铭文"同治岁次癸酉仲秋穀旦，孝丰县知县刘濬敬置，教谕余赞臣、训导陆贡珍监造"。

清烧蓝人物故事纹银手镯（一对）

1970年2月合村公社后柏大队（今合村乡后溪村后柏与何村一带）出土

宽2.2—2.4厘米，直径6.5厘米，厚0.2厘米

一副两件。因受沁发黑。呈圆筒形，手镯开口，可以展开成一长条状。镯面两端各有一幅烧蓝人物故事图，中间阴线錾刻一组缠枝莲花纹与一组缠枝梅花纹。镯面上下端各饰一周乳钉纹。

清蝙蝠纹錾花银耳坠（一对）

1970年2月合村公社后柏大队（今合村乡后溪村后柏与何村一带）出土

长5.6厘米，宽1.3厘米，最厚处0.4厘米

一副两件。因受沁发黑。扁平，呈长条形。如意头形坠首锤揲蝙蝠纹。耳穿部分为粗银环。坠身錾刻缠枝花草纹。

清鲤鱼跃龙门纹鎏金累丝银帽花

1970年2月合村公社后柏大队（今合村乡后溪村后柏与何村一带）出土

长10.0厘米，宽7.6厘米

银鎏金。略呈椭圆形，上大下小。帽花用累丝工艺将银丝拉丝编织成网状，中心饰"鲤鱼跃龙门"图案，自上而下依次为龙、龙门、鲤鱼。周围饰一圈卷草花卉纹。因受沁等原因而发黑，并带有绿锈斑。

清咸丰十一年（1861）紫铜火炮

1992年3月富春江窄溪段出土

通长95.0厘米，口径9.5厘米

前细后丰，炮身铸有固箍，中部有炮耳，炮身中部和炮口装有准星，炮尾有火药引线孔。紫铜质地，炮身竖向阴刻汉文："受药十两，弹子合膛试放。咸丰十一年弍月，升用府张冕督造，炮匠吴连贵、费俊泰铸。"

清咸丰十一年（1861）紫铜火炮

1989年富春江桐庐段出土

通长130.0厘米，口径8.0厘米

管身较长，前细后丰，炮身铸有多道固箍，滑膛，近中部有圆柱形双耳，炮尾有火药引线孔。紫铜质地，炮身竖向阴刻汉文："咸丰十一年八月，浙江巡抚部院王，匠人吴三宝造。重四百斤，配药十八两，弹三十六两。"

清"宝昌祥"款银锭

1980年11月东溪公社东溪大队（今分水镇东溪村）铁炉坎村刘苟苟捐赠

长12.3厘米，宽7.5厘米，通高7.8厘米，重1830.0克

银白色，呈元宝状。两侧弧形高起，中间内凹成一椭圆形的平面，一端阳刻有"宝昌祥""陆"楷书款。腹部斜下收。平底外凸。

第五辑 书画

1610年叶雨山水图扇面

2017年征集

金笺，设色。纵16.3厘米，横50.4厘米

叶雨，字润之，明末清初画家，生卒年不详。擅画山水，用秃笔勾勒树石，苍老生辣，拓落秀劲。流传作品不多。

图绘冬日景象，一溪两岸，彼岸山峦巨嶂，近处坡石古木，板桥下溪泉潺潺，山涧小路骑马赶路人，书童担物随后。左上自题五言诗二行："黄叶溪桥路，柴门古木居。"款署："庚戌冬日为长滋词宗写，叶雨。"钤"叶""雨"朱文方印和"润囗"白文长方印。此画作于"庚戌"，即明万历三十八年（1610）。

1629年刘原起高士访友图扇面

2020年征集

纸本，泥金设色。纵16.8厘米，横52.5厘米

刘原起（1555—1632后），初名祚，一作作，以字行，更字子正，号振之。江苏吴县（今属苏州）人。工诗画，山水师法钱谷，颇得其神韵，笔墨亦佳，为时人所重。亦善花卉。

此扇面作于明崇祯二年（1629）。画面一江两岸，春日万象，彼岸远山连绵起伏，近岸树木茂盛浓郁，孤松挺立，悬崖凉亭，屋舍掩映在丛林之中，山下一高士正从一座桥上走来，不远处的书童已立于门前相迎，另一高士坐于楼阁眺望友人的到来。画中上部款署："己巳春日写，刘原起。"下钤"刘氏振之"白文方印。左侧边钤"千金阁""乐荣审定""吴氏珍藏""袁氏家藏"朱文方印和"袁献祚印"白文方印，右下角钤"雪厂所藏"朱文方印。

1700年蒋廷锡兰石图扇面

2017年征集

金笺，墨笔。纵18.7厘米，横51.2厘米

蒋廷锡（1669—1732），字扬孙，一字酉君，号西谷，一号南沙，又号青桐居士。江苏常熟人。清康熙四十二年（1703）进士，官至文华殿大学士，卒谥文肃。少工书，善画花卉，多用逸笔写生，点缀坡石水口，无不超群。著有《尚书地理今释》《青桐轩诗集》《秋风集》《片云集》等。

此图绘于清康熙三十九年（1700）。墨笔绘一瘦石兀然而立，石上有杂草，旁生两束兰，兰叶潇洒舒展，穿插有致，兰花朵朵盛放。右侧坡石间生一丛小竹，竹叶疏影错落。画面风神生动，极有韵致。画左侧题七言诗一首："兰花未谢蕙花开，次第看花手自栽。预把竹枝勤护惜，怕他风雨过山来。"款署："庚辰春，蒋廷锡。"钤"蒋廷锡印""朝朝染翰"朱文方印和"生花"朱文椭圆印。画右下角钤"湖东子"朱文印。

1744年吴震生山水图扇面

2017年征集

金笺，墨笔。纵16.7厘米，横51.3厘米

吴震生（1695—1769），字长公，号南村、可堂。安徽歙县人，迁居浙江仁和（今属杭州）。清代戏曲家，善山水，工篆书。

图绘坡石松柏楼阁，枝干遒劲，树叶稀疏，远山隐约连绵。右上款署："甲子之秋，画为昆源年翁正。南邨吴震。"钤"震之印""长公"白文方印。"甲子"为清乾隆九年（1744）。

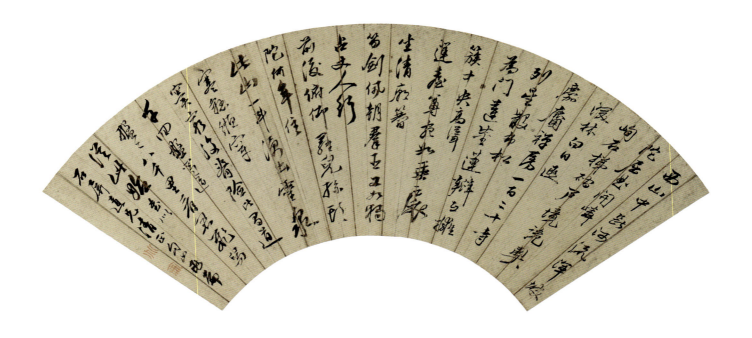

清陈兆仑行书七言诗扇面

2019年征集

纸本。纵16.6厘米，横50.5厘米

陈兆仑（1700—1771），字星斋，号句山。浙江钱塘（今属杭州）人。清代著名官员、学者。才女陈端生的祖父。清雍正八年（1730）进士，乾隆元年（1736）举博学鸿词，授检讨，官至太仆寺卿。工诗善书，善临各家。梁同书称其"不为书法成名而其书法将传于世"。

此扇面是陈兆仑为石屏友人所作的七言诗。款署："赋似石屏道兄清正。句山兆仑。"钤"兆仑"朱文印。

1800年余集探梅图扇面

2017年征集

纸本，设色。纵17.2厘米，横48.9厘米

余集（1738—1823），字蓉裳，号秋室、秋石。浙江钱塘（今属杭州）人。清乾隆进士，官至侍讲学士。工诗、书、画，有"三绝"之称。山水秀逸，兼长花卉、禽鸟。尤工仕女，风神娴静，然不轻为人作。晚年惟写兰竹，风神淡逸。

此图为摹唐寅之作。画面中一中年男子站立在荒凉的山坡上，头裹黑色布巾，淡彩衣衫，右手持细长棍，左手抚长须，侧身远望庭院，神情淡然。院墙以石栏板围筑，院内假山高耸，梅花盛开，表现了林和靖孤山探梅情景。款署："庚申三月，摹唐解元本。奉鞠人先生雅令。秋室余集。"钤"余集"白文方印。年款"庚申"为清嘉庆五年（1800）。

1825年杨天璧秋山红叶图团扇面

2016年征集

绢本，设色。直径25.6厘米

杨天璧，字宿庭，号绣亭。清嘉庆、道光（1796—1850）时上元（今属南京）人。诸生。工山水、花卉、竹石，亦工诗能书。清仁宗嘉庆西巡，画清凉山全景进呈，蒙旨嘉赞。

此图采用大青绿山水的设色法。群峰高耸，山峦叠嶂，秋树坡石，小寺两座，溪流板桥。上款署："沙头好处多逢寺，山叶红时觉胜春。乙酉小雪日，杨天璧。"钤"杨天璧印"白文方印。"乙酉"为清道光五年（1825）。

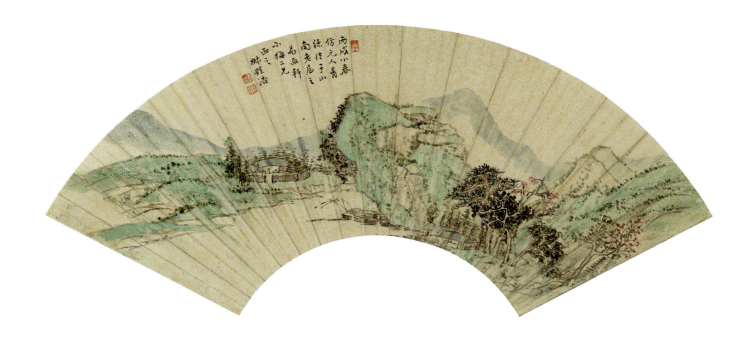

1826年王学浩青绿山水图扇面

2018年征集

纸本，设色。纵17.0厘米，横52.0厘米

王学浩（1754—1832），字孟养，号椒畦。江苏昆山人。清乾隆五十一年（1786）举人。善诗能画。于书无不工，篆、隶尤古劲。为人恬淡旷适，绝意干禄，遍历燕、秦、楚、粤。山水得王原祁正传，结体精微，笔力苍古。

此图为王学浩仿元人青绿画法，为友人所作。布局近、中、远景层次分明，近处悬崖峭壁，坡石树木，房舍临水而建。左侧中景群山错落有致，山脚处建有房舍院落，屋旁树木林立，屋内两人对坐交谈。以石青没骨法绘远山，连绵起伏。上部款署："丙戌小春，仿元人青绿法于山南老屋之易画轩，小梅二兄正之。椒畦浩。"钤"王学浩印"白文方印、"椒畦"朱文方印和"聊尔尔"朱文长方印。款署"丙戌"年，即清道光六年（1826）。

1837年冯箕采菱仕女图扇面

2019年征集

纸本，设色。纵17.5厘米，横52.8厘米

冯箕，字子扬，号栖霞，又号霞客。浙江钱塘（今属杭州）人。清嘉庆时侨居江苏苏州留云山馆。善人物、仕女，其运笔构思，不泥古法，不落时蹊，别饶胜韵，自成一家。亦妙于花卉、山水。书学恽寿平。

此图描绘了夏日六个仕女在湖中采菱的场景。湖面上有三位女子各自乘舟摇桨，另有三位女子下湖采菱，姿态各异，身姿俊秀。湖面微波荡漾，群鸟纷飞，杨柳堤岸，绿树成荫。设色雅丽明快，气韵生动。左侧款署："长庚弟学兼书画，每于扇幅，必倩研北老友合余从事。兹箕为作古诗'采菱复采莲'句，为之一笑云。时丁酉夏六月，西湖霞客写。"钤"栖"和"霞"朱文方印。年款"丁酉"为清道光十七年（1837）。

1871年周闲大利图扇面

2017年征集

纸本，设色。纵17.4厘米，横52.3厘米

周闲（1820—1875），字存伯，一字小园，号范湖居士。浙江秀水（今属嘉兴）人，后侨居上海。晚清著名词人，海上画派名家。工篆刻。善画花卉蔬果，远师陈淳、恽寿平、李鱓，近参任熊，笔致雄浑秀腴。作品有《任处士传》《范湖草堂词》等。

图以写意之笔绘荔枝，寓意吉祥。画中下方以淡紫绘一串硕果累累的荔枝，主画面绘一枝自右向左延伸的折枝荔枝，绿叶衬以红果，用笔挺秀，气韵清雅。左侧款署："同治辛未五月，为理三仁兄大人作。范湖周闲记。"钤"存伯"朱文长方印。"辛未"为清同治十年（1871）。

1876年费以群花木兰从军图扇面

2018年征集

纸本，设色。纵18.1厘米，横51.4厘米

费以群，字榖士、鹄侍、悫士，浙江乌程（今属湖州）人。费丹旭次子。工人物，尤长仕女，得父传。

此图绘花木兰代父从军的情景。花木兰一身戎装，手持弓箭，骑马飞奔而来，英姿飒爽，表现出巾帼不让须眉之气势。画右上以浅绛绘丛林，画左绘军帐。左上款署："戎装玉貌，奇女归来成勇孝。一笑军前，巾帼应贻若个边。黄河西下，火伴朝朝同饮马。毳幙凝霜，梦入红闺正晚妆。减字木兰花。丙子莫春荣仁丈大人鉴正。榖士费以群时客西泠。"钤"鹄侍"朱白方印。年款"丙子"为清光绪二年（1876）。

1876年陆恢五伦图扇面

2015年征集

纸本，设色。纵18.0厘米，横51.0厘米

陆恢（1851—1920），原名友恢，一名友奎，字廉夫，号狷叟，一字狷盦，自号破佛盦主人。原籍江苏吴江，居吴县（今属苏州）。清末民初著名画家。画山水、人物、花鸟、果品，无一不能。书工汉隶。

画中一株苍劲松树，凤凰、仙鹤和鹡鸰立于岩石之上，姿态各异。松树下一对鸳鸯露半身与仙鹤对望。树枝上几只黄莺或展翅飞翔，或昂首鸣唱，无不欢快。右上款署："五伦图。丙子夏五，师新罗山人法，为少霞仁兄大人雅属。廉夫恢作。"钤"陆恢画印"白文方印。"丙子"即清光绪二年（1876）。时年陆恢26岁，是为其罕见的早年之作。

1877年潘曾莹花卉图扇面

2018年征集

纸本，设色。纵18.0厘米，横51.3厘米

潘曾莹（1808—1878），字申甫，别字星斋。江苏吴县（今属苏州）人。清道光进士，咸丰间官至吏部左侍郎。学有根底，长于史学。亦善书画。画以徐渭、陈淳为宗，后专攻山水，秀逸旷远。书法初学赵孟頫，晚学米芾，尤得其神髓。此外有多种著作行世。

此图仿王冕笔意，以墨笔折枝木芙蓉花为主画面，配以设色粉菊和野草。左侧款署："丁丑三月，雨窗拟煮石山农法。星斋潘曾莹。"年款"丁丑"为清光绪三年（1877）。钤"潘曾莹"白文方印和"星斋"朱文方印。

1885年胡寅楷隶书团扇面

旧藏

绢本。横28.9厘米，纵28.0厘米

胡寅，字琴舟、迁伯，自号棘门揖客。浙江台州人。清咸丰、同治年间布衣。善画，工花卉、山水。游幕至瓯，遂家焉。

此扇面书于清光绪十一年（1885）。右侧楷书为胡寅自作七言诗"夜清无伴倚阑干，素质丰肌独耐看。月满庭空惟见影，花熏人醉不知寒"，款署"棘门揖客"，钤"胡寅诗书画印"白文方印。左侧作品书《史晨碑》，隶书"相河南史君，讳晨，字伯时，从越骑校尉拜，建宁元年"，款署行书："光绪十一年太岁乙酉新秋，以应少庵仁兄大人正之。迁伯胡寅。"钤"胡寅"朱文长方印。

清张熊花卉草虫图扇面

2015年征集

纸本，设色。纵18.7厘米，横54.0厘米

张熊（1803—1886），又名张熊祥，字寿甫，亦作寿父，号子祥，晚号祥翁，别号鸳湖外史、西厢客等。浙江秀水（今属嘉兴）人，流寓上海。擅长花鸟，尤擅牡丹，大幅巨幛愈见功力。兼作人物、山水，精篆刻，善八分书。亦工诗。与任熊、朱熊合称"沪上三熊"。

图绘墨石，旁生雏菊等花卉，一只纺织娘俯身立于茎枝之上，意态生动。设色明艳淡雅。右上款署："颂甫三兄大人清赏。子祥张熊。"旁钤"子祥"朱文方印。左下角钤"臣熊"半朱半白方印。

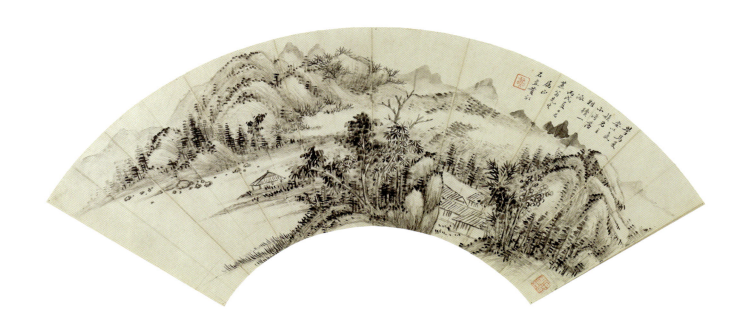

1886年胡义赞山水图扇面

2017年征集

纸本，墨笔。纵16.1厘米，横51.3厘米

胡义赞（1831—？），字叔襄，号石槎（一作石查），晚号烟视翁。河南光山人。同治十二年（1873）举人。曾任海宁州知州，晚任浙江同知。工画山水，兼精篆刻。长金石考证之学，所藏泉币皆稀品。收藏书画、金石甚富。

此图作于清光绪十二年（1886），为友人所作。图绘一江两岸，近处坡石陡峭，杂树参差，四坡亭临水而建，山坳间房屋数间。对岸左侧层峦叠嶂，右侧远山连绵。右上款署："学马夏要以气韵为主，不得落粗犷一派。丙戌夏日，为蔗翁先生属正。石查赞记。"旁钤"赞"朱文方印。右下角钤"石查书画"白文方印。

1890年恽元复瑶阶秋艳图团扇面

2016年征集

绢本，设色。直径24.0厘米

恽元复（1844—1911），字伯初，号祖南，号署醉墨翁，晚号莲瑞老人。江苏武进人。清代画家，为恽寿平六世孙，恽代英的祖父。读书外，酷好丹青，所作温静雅逸，缵承家学。

此图绘海棠、菊花等秋花秋草。构图上以一株海棠花为主画面，左侧一株秋菊掩映在海棠叶之后，意态生动。设色清雅。右款署："瑶阶秋艳。庚寅初夏，晋陵祖南恽元复写生。"下钤"祖南"朱文方印。"庚寅"为清光绪十六年（1890）。

1890年张祖翼隶书汉王纯碑团扇面

2019年征集

绢本。直径25.0厘米

张祖翼（1849—1917），字逖先，号磊盦，又号磊龛、濠庐。安徽桐城人。龆年即好篆、隶、金石之学。篆宗石鼓、钟鼎书，隶法汉碑，篆刻师邓石如。著有《磊盦金石跋尾》《汉碑范》等。亦工行、楷，偶写兰竹，具有韵致。近代著名书法家、篆刻家、金石收藏家。

此扇面节录《汉冀州刺史王纯碑》（又名《汉王纯碑》），书于清光绪十六年（1890）。隶书"君请诏（衮）〔兖〕豫，督趣军粮。其所过历，弹（缺四字）赫馨烈，宣于方国。辟举高第，选侍御史"。款署："汉王纯碑。步青二兄大人属临。庚寅立夏，弟张祖翼。"左侧钤"逖先"朱文长方印，右侧钤"海外归来"白文方印。

清任薰高士图扇面

2016年征集

纸本，泥金设色。纵18.1厘米，横50.3厘米

任薰（1835—1893），字舜琴、阜长。浙江萧山人。能画山水、人物、花卉、翎毛、虫鱼、走兽。与兄任熊、侄任预、族侄任颐被后人合称"海上四任"，为海上画派代表人物之一。

图绘一株粗壮的桐树，树下坡石上坐一高士，浓眉长须，左手枕书籍，右手搭放于腿间，人物形神生动，身后几枝清竹相伴。画面设色清雅。右上款署："清如一兄大人雅属。阜长任薰写。"钤"任薰"白文方印。

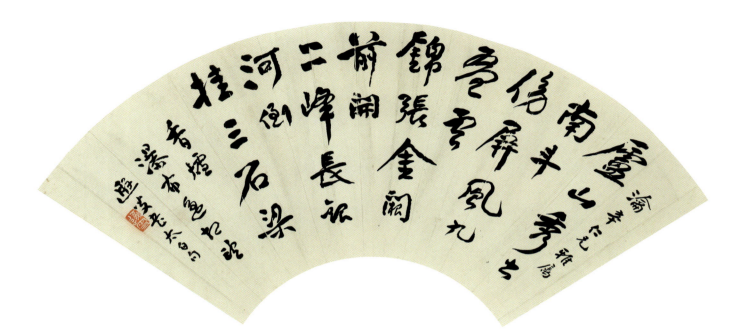

清孙衣言行书节录李白诗扇面

2019年征集

纸本。纵18.6厘米，横51.0厘米

孙衣言（1815—1894），字劭闻，号琴西，晚号逊叟，斋名逊学。浙江瑞安人。清道光三十年（1850）进士，授编修。光绪五年（1879）由江宁布政使授太仆寺卿。工书法，习柳体，形神兼得。建有"玉海楼"藏书楼，藏书十万卷。

此扇面节录李白诗《庐山遥寄卢侍御虚舟》，行书："庐山秀出南斗傍，屏风九叠云锦张。金阙前开二峰长，银河倒挂三石梁。香炉瀑布遥相望。"款署："沦辛仁兄雅属。逊叟书太白句。"钤"逊叟"白文长方印。

1895年吴滔秋山策杖图扇面

2015年征集

纸本，墨笔。纵19.2厘米，横57.0厘米

吴滔（1840—1895），字伯滔，号疏林，又号铁夫。浙江石门（今属桐乡）人。工诗，善山水，所作山水多水墨。名重一时。著有《来鹭草堂遗稿》。

此图是吴滔为友人指修大和尚所作。图中远山崇岭连绵，溪流蜿蜒曲折，中部坡石树木，枝干虬斜，树叶几近凋零，右侧数间屋舍临溪而建，旁侧小树参差，板桥上一人执杖行走。画面意境空灵高远。款署："指修大和尚属。乙未秋七月，吴滔。"钤"伯滔"朱文长方印。署年"乙未"，即清光绪二十一年（1895）。

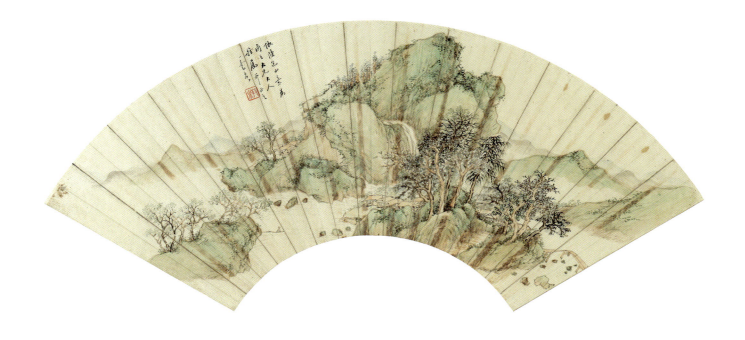

清吕浩仿陆治青绿山水图扇面

2018年征集

纸本，设色。纵18.0厘米，横53.5厘米

吕浩（1813—1894后），字养泉，别号蒙叟。江苏苏州人。工山水，以水墨画著称，取法元人、明代吴门诸家及清初"四王"，属明清正统画派的嫡系。

此图为吕浩仿明代陆治青绿山水笔意而作，绘主峰巍然屹立，峡口瀑布如带，远处山峦起伏，隐约可见。一人乘坐小舟逆流前行。近处坡石树木，两岸村落临溪而建，山间石阶小道，板桥下溪石散落有致，溪水潺潺。笔法周正，气格谨严。色彩淡雅，沉郁温润。款署："仿陆包山意，为卣之大兄大人雅属并正之。养泉。"下钤"养泉"朱文方印。

清胡璋山水团扇面

2019年征集

绢本，设色。直径27.5厘米

胡璋（1848—1899），字铁梅，号尧城子。安徽桐城人，一说安徽建德（今东至）人。清代画家胡寅之子。工山水、人物，以善画梅得名。

图绘崇山连绵，远山起伏，柳树依依，板桥溪流，水榭仕女。上部款署："日暮望高城不见，只见乱山无数。耘凡仁兄大人雅属，胡铁梅。"钤"胡璋私印"白文方印。

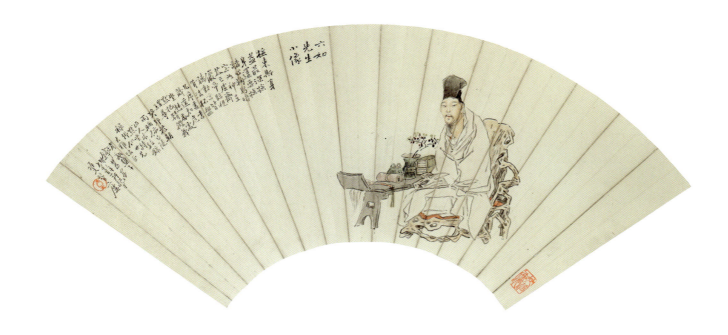

1903年钱慧安唐寅小像图扇面

2015年征集

纸本，设色。纵17.5厘米，横50.0厘米

钱慧安（1833—1911），初名贵昌，字吉生，号清溪、清溪子、清溪樵子，室名双管楼。江苏宝山（今属上海）人。画工人物、仕女，间作花卉、山水。清光绪、宣统年间与倪田等人在上海卖画，名重一时，成为近代海派的代表人物之一。

此图作于清光绪二十九年（1903）。图绘唐寅正身坐像，坐于古木制成的坐椅之上，头戴黑帽，身穿白长衫，双手交握于宽袖中，瘦脸长须，神情闲静，身旁书桌上堆放有书籍、熏炉、花瓽等文房用品。衣纹以颤笔勾勒。细笔干墨，遒劲方折。左上款署："六如先生小像。"书唐寅七言诗《检斋》："检束斯身益最深，检身还要检诸心。鞠躬暗室如神在，恭己虚斋俨帝临。视听动言皆有法，杯盘几席尽书箴。遥知危坐焚香处，默把精微义理寻。"落款："癸卯花朝雨窗，仿白阳山人本，并录默坐诗。禄卿仁世兄大雅法正。清溪樵子钱慧安时年七十有一，并记于双管楼。"款识左侧钤"吉生"朱文圆印，画面右下角钤"双管楼"朱文长方印。

於餞於斯器用陶匏

粢食不鑿荼命曰稬克公
之德歟遂呢墨含毫
聆奇瞬美韋彼朱絲
緯兹黃絹其頌曰珠
疏滄溟鳳飛丹穴況

德君子聞諸往說彼美
克公儒林秀俊梁惠和天
授聲聞風烈道成四友
德浮十哲魯明御敗
衞通衰溲宛尔龍盤

颮然鶴髮噫天空予
芳蘭已折聖皇有道
四隩攸同恩覃復天宇
令發春風

臨邑文敩克公頌

遊桐廬曰留居此以桐廬
僻遠難以養疴出居吴
下吴下士人共為築室聚石
引水植林開關少時繁
蜜有若自然欁陽王義栽
季鎮京口迎山黃鵠山

山北有竹林精舍林澗甚
美仲蔚憩於此義李逅
縱之游仲蔚憩服不野服不
歆嘗慶為羲李鼓琴
皆新聲變曲其三調
遊弦廣陵止息之流背乃
世異文帝每列見之謂黃
門侍郎張敷曰吾東巡
之日當宴戴公山下宗書

攜光可大譽望克韶宣
王既以銘焉克公豆宜
關尔恭惟嘉命勒兹
徽歟偉夫亞聖同之前
美由是也故得繡宮
牆殖庭宇撩鳳翼瓦
魚鱗清泠苹風瞳曨

孫登居汲郡蘇門山中懸崖
百仞叢林醫茂西神明甚
察好讀易彈一弦琴有竹
實數斛杵臼而已性無喜
怒或没諸水出而觀之登復
大笑院然藉登巔就之箕踞

相對商略終古伦然不應復
敍栖神道引之術猶凝瞩
不轉籍万對之長嘯良久笑
日可更作世讀嵇康
集欽

戴
名文蕣琲書仲君並傳之
父蕣发先並隱邈有聞

勞周容之含含奏曲詎假
殷人戎大隋乘御下順民
心飛行西建鴻名揖讓

臨隋碑

西斗大寶匪結農軒
之軒陣誰伯湯武之師
稱臣妾者遍於十万弟
者國陷防風之禍斯乃天
啟至聖大造區域垂衣
化俗負展字民道高義
燧德盛眾眠集伍節月
摇蘆含風沉壁觀書
龍負握河之功成治
定

爰自弱年英聲早集
孝敬天然曾閔無以
喻其性冠時顏冉寧

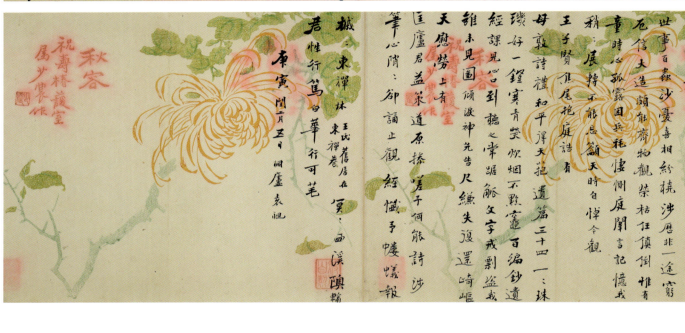

秋容　祝壽椿藏室屬少農作

城外東禪林
王氏舊居在
東禪巷
冥：西溪頎輶
君性行篤白華行可羌

庚寅閏二月五日桐廬袁旭

天子王母盧夭慕人社鈴課詩圖即希
世事百蟲沙憂喜相紉梳沙歷歷非一途窮
厄信大造頗能齋物觀熒枯狂填倒惟有
童時心孤露圉兵耗懷惻庭閨言記憶我
稍：展轉不能忘顏夭時自悼今觀
王子賢雖尾抱庭誼有

母敦詩禮和平渾天抱遺篇三十四之珠
磯好一鐙實青裝炊煙不黯竈百編鈔遺
經課兒曰到穗之常躍餒文字戒劙盜我
雜末見圖顧淚神先告尺繡失復還崎嶇
匡盧君益策道原搖嗟予何能詩沙
天慰勞上有室
筆心陷：卻誦止觀經懺予孃蟻報

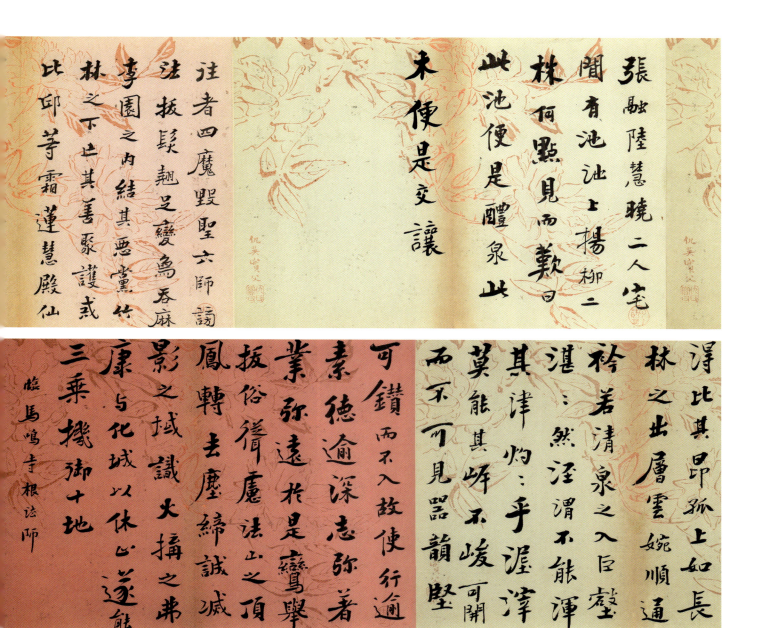

清袁昶行书卷

2023年征集

纸本。纵24.5厘米，横407.0厘米

袁昶（1846—1900），原名振蟾，字爽秋，号重黎，晚号渐西村叟。浙江桐庐人。清光绪二年（1876）进士，授户部主事。清光绪九年（1883），考取总理各国事务衙门章京，历任徽宁池太广道道员、江宁布政使、太常寺卿。光绪二十六年（1900），在庚子事变中以直谏被处死，为世称"庚子五大臣"之一。清宣统元年（1909），追赠"忠节"。书法学钟、王，秀媚有古风。工诗，为"同光体"浙派诗人的代表。

此手卷主要内容分为四部分。第一部分为清光绪十六年（1890）袁昶写给时任吏部左侍郎徐用仪的册页，钤"重黎父"朱文方印和"忍默平直"白文方印。第二部分系袁昶临唐代包文该《尧公之颂》、隋代《龙藏寺碑》及《马鸣寺根法师碑》（节录）。第三部分系袁昶记述《世说新语》中关于阮籍拜见孙登、《宋书》关于戴颙游桐庐居吴地、南朝张融与陆慧晓比邻的故事。第四部分系袁昶用王振声秋容图花笺纸，为王彦威（字弢夫，黄岩人，官军机章京）的母亲卢太恭人所作的册页，款署"庚寅闰二月五日，桐庐袁昶"，"庚寅"即清光绪十六年（1890）。第二和第三部分共用十一张仇英画四色花笺纸书写。该手卷为原收藏机构收集册页后重新装裱而成。

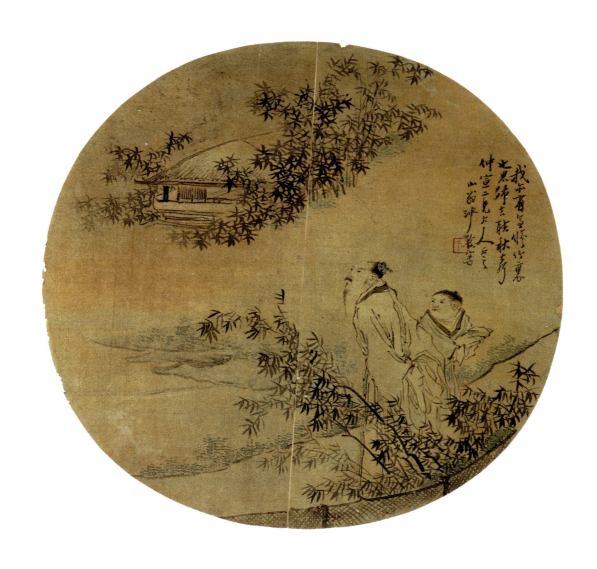

清沙馥人物图团扇面

2016年征集

绢本，设色。直径27.2厘米

沙馥（1831—1906），字山春。江苏苏州人。工人物、仕女、花鸟，画学甚深，笔致妍秀，为近代海上画派名家之一。

图绘一江两岸，江水浩渺，石滩渐远。近岸处一老者背手侧身站立，微扬头望向远处，神情自然，身后篱笆之外的几枝墨竹在风中摇曳。老者右侧站立一书童，作双手环抱捧物状。对岸临江水阁掩映在一片繁茂的秀竹之中。设色清新雅致。画右款署："我亦有亭修竹里，也思归去听秋声。仲宣二兄大人正之，山翁沙馥写。"钤"山春"朱文方印。

1915年康有为行书八言联

旧藏

纸本。各纵166.5厘米，横38.5厘米

康有为（1858—1927），原名祖诒，字广厦，号长素，又号明夷、更甡、西樵山人、游存叟、天游化人。广东南海人。晚清时期的政治家、思想家、教育家，资产阶级改良主义的代表人物。清光绪年间发动"公车上书"，创办强学会。后经翁同龢力荐于光绪帝，推行"戊戌变法"。少时攻读经书，习书，后间作行草。

此八言联为民国四年（1915）康有为留寓杭州高庄期间，梁启超看望他时所书。行书"意远情融气和神逸，父慈子孝兄友弟恭"。款署："乙卯长夏，余留寓高庄读易山房，时天甚暑，大雨后梁君来仿（访），携古贤钱南园先生长小琴联出观，嘱余临一对以作坐佑。他日如梁君携归时，为京师沈培老见之，定笑我多事也。天游化人康有为并志。"下钤"康有为印"白文方印和"维新百日出亡十六年三周大地游遍四洲经三十一国行六十万里"朱文方印。款识中所称的"沈培老"即沈曾植。

1923年吴淑娟花卉图扇面

2017年征集

纸本，设色。纵19.4厘米，横54.5厘米

吴淑娟（1853—1930），号杏芬老人，安徽歙县人。清末著名女画家。父吴鸿勋，曾国藩幕僚，工于书画。夫唐光照（歙县人，本名唐昆华，字光照，以字行），曾任江宁知府。幼秉家学，工花鸟、山水，颇负时誉。

此图作于民国十二年（1923），以小写意笔法画花卉。折枝茶花自右向左延伸，枝条苍劲，花朵洁白，有的盛开怒放，有的含苞待放。一株水仙将茶花半掩映在其后，花朵在繁盛的绿叶中绽放。画面写生具象，设色清雅。右上款署："幽花开处月微茫，秋水凝神黯淡妆。晓砌露浓空见影，隔帘风细但闻香。癸亥秋日，杏芬老人吴淑娟画。"钤"吴淑娟"白文方印。

1924年萧俊贤秋山叠翠图扇面

2016年征集

纸本，设色。纵17.5厘米，横49.7厘米

萧俊贤（1865—1949），字厔泉，号铁夫，别署天和逸人，斋名净念楼。湖南衡阳人。早年从苍崖法师、沈咏荪学画，广师宋元名家而自具面目，以山水画著称于时。民国初年居北京，曾任教于国立北平艺术专科学校，任代校长。晚年寓沪卖画为生。

此图以浅绛山水画的设色法，绘高山峻岭、古木苍虬、江水泛舟、坡石茅屋。左侧款署："秋山叠翠。甲子吉春后一日，京寓雪窗试笔，天和逸人萧俊贤。"下钤"俊贤"白文方印。署年"甲子"，即民国十三年（1924）。

1924年吴徵溪山新霁图扇面

2018年征集

纸本，墨笔。纵20.5厘米，横54.0厘米

吴徵（1878—1949），字待秋，名徵，以字行。别号抱鋗居士、疏林仲子、春晖外史、鹭丝湾人、栝苍亭长、晚署老鋗。浙江崇德（今属桐乡）人。后居上海。吴滔次子。山水初传家学，花卉师吴昌硕早年笔墨。书法则学王铎、倪元璐。亦能治印。与吴湖帆、吴华源、冯超然合称民国时期海上"三吴一冯"，又与赵叔孺、吴湖帆、冯超然并称"海上四家"。

此画作于民国十三年（1924），为友人所作。绘初秋山景，重峦叠嶂，山涧瀑布，溪水潺潺，树木林立，山路蜿蜒，水阁临溪而建。山石淡墨勾皴。远山峰峦起伏，烟波浩渺。上款署："溪山新霁。巨川仁兄大雅属正。甲子秋七月。抱鋗居士吴徵。"钤"待秋"朱文长方印。

1925年马寅初篆书李白诗扇面

2017年征集

纸本。纵17.4厘米，横49.6厘米

马寅初（1882—1982），字寅初，名元善。当代经济学家、教育学家、人口学家。他一生著作颇丰，特别对中国的经济、教育、人口等方面有很大的贡献，有当代"中国人口学第一人"之誉。

此作书李白五言诗《夜泊牛渚怀古》，作于民国十四年（1925）。篆书"牛渚西江夜，青天无片云。登舟望秋月，空忆谢将军。余亦能高咏，斯人不可闻。明朝挂帆席，枫叶落纷纷"。款署："李白《夜泊牛渚怀古》诗。乙丑四月维夏，马寅初。"下钤"马寅初印"白文方印。

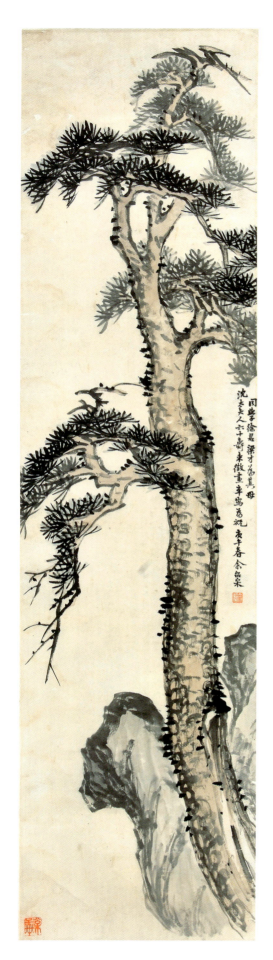

1930年余绍宋松寿图立轴

旧藏

纸本，墨笔。纵133.0厘米，横33.5厘米

余绍宋（1882—1949），字越园，早年曾用樾园、粤采、觉庵、觉道人、映碧主人等别名，号龙丘山人，别署寒柯，斋号春晖堂、余庐、萱寿堂。浙江龙游人。生于广州，中年服官北京，晚年筑室杭州。工书，尤擅写山水、松竹。书宗章草。生平自诩字第一，竹次之。能诗，精鉴赏。

此图是余绍宋为祝同学徐梁才母亲六十寿辰所画，画于民国十九年（1930）。图绘苍松一株，立于嶙峋岩石间，高耸挺拔，枝干遒劲，松针苍翠。水墨浓淡相宜。右侧中部款署："同学徐君梁才为其母沈太夫人六十寿来征画，率写为祝。庚午春，余绍宋。"下钤"余绍宋"白文方印。左下角钤"松轩"朱文方印。

1931年郭兰祥海棠萱草图扇面

2015年征集

纸本，设色。纵18.7厘米，横50.6厘米

郭兰祥（1885—1938），字和庭，一字善徵，号尚斋，另号冰道人。浙江嘉兴人。能诗善画，亦工篆刻。山水宗南、北两派，其花卉点染生动，山水略有倪瓒逸品遗意。

此图以写意手法绘海棠、萱草，花与枝叶之间偃仰顾盼，活色生香。设色明艳，清丽雅致。上款署："钰麟仁兄雅属。辛未孟秋，郭兰祥。"钤"尚斋"朱文方印。年款"辛未"为民国二十年（1931）。

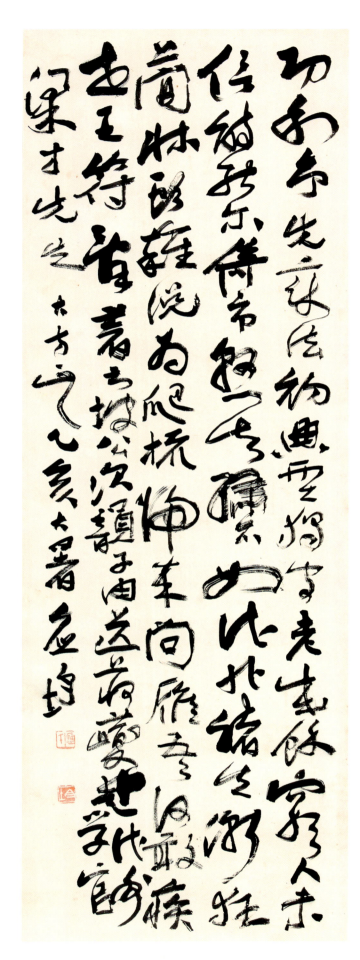

1935年应均草书苏轼诗轴

旧藏

纸本。纵113.5厘米，横39.5厘米

应均（1874—1941），原名万春，字敷华，一字仲华，号晓村，署师竹轩主，后改号松石山民。浙江永康人。弱冠前喜画松、竹、仕女。书法仿吴廷康，后学《兰亭序》和《龙门二十品》，善行草。

此作书苏轼《次韵子由送蒋夔赴代州学官》七言诗。草书"功利争先变法初，典型独守老成余。穷人未信诗能尔，倚市悬知绣不如。代北诸生渐狂简，床头杂说为爬梳。归来问雁吾何敢，疾世王符解著书"。款署："坡公次韵子由送蒋夔赴代州学官。梁才先生大方正之。乙亥大暑，应均。"下钤"应氏"朱文方印和"均"白文方印。"乙亥"为民国二十四年（1935），应均时年六十二岁。

花之名天下者洛陽牡丹廣陵芍
藥耳紅葉而黃腰彌金帶圍有時
而出則城中當有宰相韓魏公為
守一出四枝公自當其一選客具
樂以當之是時王岐公以高科為
倅王荊公以名士為屬皆在選而
闕其一莫有當者數日不決而花
已盛公命戒客而私自念今日有
過客不問如何名使當之及暮高
水門報陳太博來亞使名之乃秀
公也酒半折花插之後四公皆相
倬雲老世叔大人訓正　姪鄭沅

近代郑沅楷书节录陈师道后山谈丛团扇面

2016年征集

绢本。直径24.7厘米

郑沅（1866—1943），字叔进，号习叟、肃折。湖南长沙人。清光绪二十年（1894）探花，授编修。历任会试同考官、山西正考官、四川学政、日讲起居注官等职。精鉴赏，工籀、篆，后精章草。

此扇面为郑沅写给其父辈世叔之作，节录宋代陈师道《后山谈丛》之"洛阳牡丹金带围当宰相"故事。文中缺"而无种""明日""歌以""其""首"字。"南水门"误书为"高水门"。款署："倬云老世叔大人训正。侄郑沅。"下钤"叔进"朱文方印。书体为馆阁体，运笔柔美端庄，笔触圆融。

1943年谢月眉花鸟图扇面

2018年征集

纸本，设色。纵18.3厘米，横51.5厘米

谢月眉（1906—1998），名卷若。江苏常州人。女画家，善花鸟。长期随三弟谢稚柳、陈佩秋夫妇寓居上海。民国时期中国女子书画会发起人之一。

此画于1943年为现代著名书法家、篆刻家邹梦禅所作。以工笔意写老梅虬枝，自右向左、自下而上布局画面，梅花朵朵盛开，鹦鹉立于枝头俯身向下。以水墨、赭石设色，静美自然，清新高致。左上款署："梦禅先生法家正之。癸未仲夏，谢月眉。"钤"谢月眉印"白文方印和"卷若"朱文方印。

1945年叶曼叔仕女图扇面

2017年征集

纸本，设色。纵18.1厘米，横48.3厘米

叶曼叔，名櫹，字曼叔，以字行，里籍不详。寓居上海，鬻画自给，善工笔花鸟、人物、山水。为民国时期海上名家之一。

图中近岸两株绿柳，柳条依依万丝垂，绿草茵茵芳草地，两旁坡石以水墨皴擦，一边树花满山，一边衬以红花绿叶灌木两株。江岸逶迤曲折，江水微漾，远岸一抹。一红衣女子背藏罗扇，侧身转头欣赏着眼前的双蝶起舞，若有所思。女子右侧身旁立一蓝衣侍女，双手捧物。人物形象柔美俊秀，用笔流畅，设色艳而不俗。右上款署："背藏罗扇看多时。乙酉长夏，其相先生大雅清属。叶曼叔。"钤印"叶櫹之印"白文方印和"曼叔"朱文方印。年款"乙酉"为民国三十四年（1945）。

近代吴徵行书五言诗团扇面

2019年征集

绢本。直径21.2厘米

此作书五言诗三首，行书"雪谷未解寒，春风一伸指。初闻江涛声，又见城露起""乱碧风初卷，新红露半含。戏鱼知叶北，游女唱江南""夙影通长竿，花房玉露溥。美人修竹里，翠袖忆天寒"。款署："梦兄再正。待秋。"钤"待秋"朱文长方印。

近代余绍宋行草书阮籍诗轴

旧藏

纸本。纵129.5厘米，横33.5厘米

此作书阮籍《咏怀·杨朱泣岐路》五言诗，行草书"杨朱泣岐路，墨子悲染丝。揖让长离别，飘飘难与期。岂徒燕婉情，存亡诚有之。萧索人所悲，祸衅不可辞。赵女媚中山，谦柔愈见期。嗟嗟途上士，何用自保持"。款署："一鸣仁兄属正。余绍宋。"下钤"余绍宋印"朱文方印和"越园"白文方印。

后记

　　桐庐县博物馆自2004年10月开馆以来，至今已走过了二十一个年头，这期间展厅基本陈列也曾于十年前重新改陈，但至今未有一本关于馆藏文物的图录面世，颇觉遗憾。早些年前，编者一直想抽出些时间来梳理，因行政管理、人手缺乏、专业能力不足等原因而搁置。

　　历时半年多，本书即将出版，甚感欣慰。书中部分小青龙遗址出土的新石器时代玉石器文物文字阐释参考《小青龙》考古报告。本书的编辑工作得到了很多领导和同仁的帮助与支持，尤其是浙江省文物鉴定委员会委员、研究馆员周刃为本书核稿把关，在此一并致以真挚的感谢！

　　限于编者的学识水平，书中难免存在疏漏和谬误之处，敬请广大读者批评指正！

2025年3月

图书在版编目（CIP）数据

桐庐县博物馆馆藏文物精粹 / 桐庐县博物馆编；陈淑珍主编. -- 杭州 ： 西泠印社出版社，2025. 4.

ISBN 978-7-5508-4813-9

Ⅰ. K872.554

中国国家版本馆CIP数据核字第202563760F号

桐庐县博物馆馆藏文物精粹

桐庐县博物馆　编　陈淑珍　主编

责任编辑	陶铁其	
责任出版	杨飞凤	
责任校对	应俏婷	
装帧设计	李西彬	
出版发行	西泠印社出版社	
	（杭州市西湖文化广场32号5楼　邮政编码　310014）	
经　　销	全国新华书店	
制　　版	杭州尚俊文化艺术策划有限公司	
印　　刷	浙江海虹彩色印务有限公司	
开　　本	889mm×1194mm　1/16	
字　　数	100千	
印　　张	13.25	
书　　号	ISBN 978-7-5508-4813-9	
版　　次	2025年4月第1版　2025年4月第1次印刷	
定　　价	198.00元